BURT FRANKLIN: BIBLIOGRAPHY & REFERENCE SERIES 482
Selected Essays and Texts in Literature and Criticism 197

# BIBLIOGRAFIA BOCCACCESCA

GUIDO TRAVERSARI

# BIBLIOGRAFIA

## BOCCACCESCA

I.

SCRITTI INTORNO AL BOCCACCIO

E ALLA FORTUNA

DELLE SUE OPERE

BURT FRANKLIN
New York, N. Y.

Published by LENOX HILL Pub. & Dist. Co. (Burt Franklin)
235 East 44th St., New York, N.Y. 10017
Reprinted: 1973
Printed in the U.S.A.

Burt Franklin: Bibliography and Reference Series 482
Selected Essays and Texts in Literature and Criticism 197

Reprinted from the original edition in the University of Illinois at
  Urbana Library.

### Library of Congress Cataloging in Publication Data

Traversari, Guido.
    Bibliografia boccaccesca.

    Reprint of the 1907 ed. of which only v. 1 was published.
    1. Boccaccio, Giovanni, 1313-1375—Bibliography. I. Title.
Z8106.T78  1973              016.858'1'09              72-82519
ISBN 0-8337-4708-8

AGLI AMICI DOTTI E DOTTORI

# DOMENICO GUERRI E SANTORRE DEBENEDETTI

E AGLI ALTRI CHE MI VOGLIONO BENE

OFFRO

CON PREGHIERA DI LEGGERLO E MEDITARLO

QUESTO PROFONDO GENIALE LAVORO

# AVVERTENZA

L'idea di questa bibliografia risale a quando conducevo le ricerche preparatorie per la mia tesi di laurea. Allora, sia per l'indole dell'argomento che avevo scelto, sia per il desiderio di conoscere il meglio possibile e anche nelle parti non strettamente legate col mio soggetto, la produzione critica relativa al Boccaccio, mi venne fatto di raccogliere un buon numero di schede, che, accresciute via via, non credo inutile di pubblicare ora, disposte e ordinate, in servigio degli studiosi. Fin da quel tempo concepii il disegno di un lavoro completo che abbracciasse anche i manoscritti e le edizioni, e misi insieme, a questo scopo, note ed appunti.

La difficoltà e l'estensione delle ricerche, specie per quanto riguarda i manoscritti, bastano a spiegare perchè la parte, che sarebbe dovuta uscire per ultima, precede invece le altre. Del resto esse sono già condotte a buon punto e saranno, in estate, compiute le necessarie indagini nelle biblioteche dell'Italia settentrionale.

Gli scritti che ho raccolto, fino a tutto il 1906, numerati progressivamente, ho distribuito in ordine cronologico, distaccandomi dal modo più comune di mettere insieme le bibliografie. Invero la divisione per materie presenta l'inconveniente non piccolo della ripetizione di parecchi numeri, che rientrano in più d'una categoria; può mettere in imbarazzo, quand'anche si sia fatto il più largo uso di divisioni e suddivisioni, circa il ripartire un qualche scritto, e non rende sempre facile e spedita la ricerca, se non sia agevolata da indici che riparino alle inevitabili manchevolezze di ogni classificazione.

L'ordinamento cronologico offre anche il vantaggio di porre subito davanti agli occhi la produzione critica annuale intorno ad un dato soggetto, della cui fortuna viene a darci così una prima testimonianza.

Dentro l'ordinamento cronologico c'è, com'è naturale, un ordinamento alfabetico; l'indice poi dei nomi e quello delle materie (che io ho voluto il più possibilmente vario ed esteso) rendono facile la consultazione dell'opera, rimediando a quella mancanza di unità e di perfetta fusione, prodotta (per cause che qui è inutile esporre) dall'uso dei numeri *bis* e dall'aver dovuto introdurre le solite e immancabili *Aggiunte* e *Appendici*.

D'altra parte, in lavori di questo genere, non si può mai esser sicuri d'aver visto tutto e d'aver tutto raccolto, sicchè le aggiunte riescono pur sempre necessarie, anche quando vengano in certo modo a sconvolgere il disegno prestabilito e ormai condotto parecchio innanzi. Io credo nondimeno che ben poche omissioni mi si potranno rimproverare: se un'accusa invece mi si vorrà rivolgere, sarà quella della troppo abbondanza della materia raccolta, abbondanza derivante specialmente dall'aver voluto tener conto, fino a un certo segno, della *fortuna* in genere del Boccaccio, e dalla conseguente citazione di scritti, dove, se il nome del Boccaccio non comparisce proprio per incidenza, non si dà insomma dell'opera sua e della sua efficacia uno studio adeguato e originale. Ma, d'altronde, era questo un punto dei più trascurati finora, e si dovevano quindi ricordare, nella penuria di lavori particolari, alcuni di quelli che portassero, sia pure per incidenza, sull'argomento, un qualsiasi contributo di osservazioni e di raffronti. Questa parte sembrerà anche, per un altro rispetto, inadeguata, se si considerano le relazioni varie e molteplici dell'opera boccaccesca con la nostra e le letterature straniere; ma potrà intanto suggerire qualche non inutile indicazione per le primissime indagini che si volessero fare in questo campo.

È inutile infine ch'io ricordi qui i saggi di bibliografia anteriori al mio (si troveranno citati alla lor volta) e il modo come sono state condotte queste indagini: avvertirò solo che ho trascurato, in genere, gli articoli dei dizionari biografici, delle enciclopedie, delle opere di consultazione più comuni, e anche i cataloghi di biblioteche antiche e moderne e le altre pubblicazioni, dove si trovano numerati e descritti libri e codici boccacceschi. Ho invece tenuto conto delle storie letterarie, per il fatto che, dovendo registrarne alcune, nelle quali il capitolo sul Boccaccio è il risultato di vere e proprie ricerche, o presenta uno studio riassuntivo accurato e ingegnoso delle ricerche altrui, non si potevano, per ragione di uniformità, escludere le altre, le quali potranno, almeno almeno, testimoniare i vari modi con cui si considerano e si apprezzano la vita e gli scritti del Certaldese.

Termino augurando buona accoglienza da parte degli studiosi a questo lavoro, i cui difetti saranno forse maggiori di quello che la diligenza e la fatica impiegateci mi potrebbero erroneamente far credere.

Firenze, marzo 1907.

GUIDO TRAVERSARI.

1467. Vita di miser Johanne Boccatio composta per **Hie-ronymo Squarzafico** de Alexandria.

Segue all'edizione del *Filocolo* " impresso per maestro Gabriele di Piero: et del compagno maestro Philippo in l'alma patria Venetia nelli anni del Signore MCCCCLXVII a giorni XX di novembre: Nicolò Throno duce felicissimo imperante „. Questa vita è poi riprodotta nelle edizioni successive.                                                        **1**

1521. **Claricio Geronimo,** Apologia contro i detrattori della poesia del Boccaccio.

Nell' edizione dell'*Amorosa Visione*. — *Milano, Zanotti*, 1521.                                                       **2**

1525. **Minerbi Lucilio,** Vocabolario delle voci usate dal Boccaccio.

Nell'edizione del *Decamerone*. — *Venezia, Vidali*, 1525.                                                          **3**

1526. **Liburnio Nicolò,** Le tre fontane in tre libri divise, sopra la grammatica et eloquenza di Dante, Petrarca et Boccaccio. — *In Vinegia, per Gregorio de Gregori*, 1526, in-4.                                     **4**

1536. **Luna Fabricio**, Vocabolario di cinquemila vocaboli toschi, non meno oscuri che utili e necessarij del Furioso, Boccaccio, Petrarca e Dante, nuovamente dichiarati e raccolti per alfabeto ad utilità di chi legge, scrive e favella; opera nuova ed aurea. — *In Napoli, per Giovanni Sultzbach alemanno apresso alla gran corte della Vicaria*, adì 27 di ottobre 1536, in-4.　　　　　　　　　　**5**

1538. **Ateneo Nicolò**, La grammatica volgare, trovata nelle opere di Dante, di Francesco Petrarca, di Giovan Boccaccio. — *Napoli, per Giovanni Sultzbach*, 1538, in-4.　　　　　　　　　　　　**6**

1538. **Brucioli Antonio**, Dichiaratione di tutti i vocaboli, detti, proverbii, figure et modi di dire incogniti et difficili del " Decamerone „.
Nell'edizione del *Decamerone*. — *Venezia, Giolito*, 1538, in-4.　　　　　　　　　　　　**7**

1543. **Acariso Alberto**, Vocabolario, grammatica et orthographia de la lingua volgare, con isposizioni di molti luoghi di Dante, del Petrarca et del Boccaccio. — *Stampato in Cento in casa dell'auttore, del mese di Zugno 1543, in-4.*　　　　　　**8**

1543. **Alunno Francesco**, Le ricchezze della lingua volgare sopra il Boccaccio, con le dichiarationi, regole et osservationi delle voci et delle altre particelle; et con le annotationi delle varietà de' testi antichi et moderni; et il tutto collocato a i luoghi loro secondo l'ordine dell'alfabeto, insieme col Boccaccio, nel quale sono segnate le carte coi numeri corrispondenti all'opera, per più comodità de gli studiosi. — *Venezia, Aldo*, 1543.
Questa è la prima edizione. Ve n'è un'altra, con aggiunte, del 1555 (*Venezia, appresso Giov. Maria Bonelli*) e un'altra ancora del 1557 (*Venezia, Gherardo*).　　　　　　　　　　　**9**

1573. **Borghini Vincenzo,** Annotazioni sopra alcuni luoghi del " Decamerone „.

Nell'edizione del *Decamerone.* — *Firenze, Giunti,* 1573. **24**

1574. Annotationi et discorsi sopra alcuni luoghi del Decamerone di M. Giovanni Boccacci, fatte dalli molto Magnifici Sig. Deputati da loro Altezze Serenissime sopra la correttione di esso Boccaccio, stampato l'anno MDLXXIII. — *In Firenze, nella Stamperia dei Giunti,* 1574, in-8. **25**

1576. **Castelvetro Lodovico,** Poetica d'Aristotele. *Basilea,* 1576.

A pag. 206 si parla di Apuleio fonte di due novelle del *Decameron* (VII, 2 e V, 10). **26**

1579. La Theseide di M. G. Boccaccio, innamoramento piacevole et honesto di due giovani Thebani, Arcita e Palemone: d'ottava rima nuouamente ridotta in prosa per NICOLAO GRANUCCI di Lucca ecc. — *In Lucca, appresso Vincenzo Busdraghi,* ad istantia di Giulio Guidoboni, 1579, in-8.

Per la riduzione della *Teseide* e la prefazione relativa al Boccaccio. **27**

1582. **Muzio Jeronimo,** Battaglie per difesa dell'Italica lingua, con alcune lettere al Cesano, al Cavalcanti, a Renato Trivulzio e a Domenico Veniero sopra il Corbaccio e la Varchiana e con le note sopra il Petrarca. — *In Venezia, presso Pietro Dusinelli,* 1582, in-8. **28**

1584. **Alunno Francesco,** Della Fabrica del Mondo, libri dieci ne' quali si contengono le voci di Dante, del Petrarca, del Boccaccio et d'altri buoni Authori, mediante le quali si possono scrivendo esprimere tutti i concetti dell'huomo di qualunque cosa creata Di nuovo ristampati e ricorretti da M. Borgarutio Borgarucci con un nuovo vocabolario in fine

di tutte quelle voci che mancano alla fabrica et
si leggono in diversi altri authori antichi et moderni, aggiunto da M. THOMASO PORCACCHI, per
intera sodisfattione di chi desidera hauer piena co-
gnizione della nostra lingua: con due tavole co-
piosissime. — *In Venetia, appresso Gio. Battista
Porta* 1584, in-fol.

La prima edizione *Vinegia, Boscarini*, 1548. **29**

1584. **Salviati Lionardo,** Degli avvertimenti della
lingua sopra il " Decamerone „. — *Venezia, Guerra*, 1584, volumi 2, in-4 **30**

1587. **Masson Giovanni Papirio,** Vitae trium He-
truriae principum, Dantis Alligherii, Francisci Petrarchae et Joannis Boccaccii. — *Parisiis*, 1587,
in-4. **31**

1592. **Corsuto Pierantonio,** Il Capece, ovvero le ri-
prensioni: dialogo nel quale si riprovano molti degli Avvertimenti del Cavalier Lionardo Salviati
(della lingua sopra il " Decamerone „). — *In Napoli
per Jacopo Carlino*, 1592, in-4. **32**

**Accademico Dubbioso [Castelvetro Lodo-
vico].** Lettera a Francesco Giuntini, fiorentino
(sul " Decamerone „). — *S. n. t.*, in-8. **33**

1609. **Bocchius Franciscus,** De tribus viris clarissimis Boccaccio, Petrarcha, Dante.

In FRANCISCI BOCCHII, *Elogiorum, quibus viri
doctissimi nati Florentiae decorantur, Florentiae,
apud Juntas*, MDCVIIII pp. 71-73. Gli elogi son
riprodotti dal GALLETTI. — *Firenze*, 1844. **34**

1628. **Boissardus Jacobus,** Joannes Boccatius.

In *Bibliotheca sive thesaurus virtutis in quo
continentur illustrium erudictione et doctrina virorum effigies et vitae. — Francofurti, Fitzeri*,
1628, tomo I, p. 97. **35**

1650. **Malavolti Ubaldino,** Mostra di tutti i verbi e de' loro participii e gerundi, adoperati nel Decamerone del Boccaccio. — *Siena, Bonetti,* 1650, in-4. **36**

1678. **Boccalini Traiano,** Lettera al Sig. Pietro Avelli a Napoli [sul Petrarca e sul Boccaccio].

Nella sua *Bilancia politica.* — *Castellana, Widerhold,* 1678, parte III, p. 95. **37**

1688. **Freherius Paulus,** Boccatius Johannes.

Nel *Theatrum virorum erudictione clarorum.* — *Norimbergae,* 1688, p. 1423. **38**

1706. **Fontanini Giusto,** Della eloquenza italiana, libri due: nel primo si tratta dell'origine e del progresso dell'italiana favella. Nel secondo si dà una Biblioteca degli scrittori più singolari che volgarmente hanno scritto in ogni materia. — *Roma,* 1706.

Vedi anche le edizioni successive, (*Lucca,* 1732; *Roma,* 1736, con giunte di APOSTOLO ZENO) e specialmente: *Biblioteca dell' eloquenza italiana di Mons. Giusto Fontanini ecc. con le annotazioni del signor* AP. ZENO, volumi 2. — *Venezia,* 1753, *presso G. B. Pasquali.*

Per la prima edizione, vedi la bibliografia delle opere del Boccaccio. Per questa vedi l' *Indice delle cose notabili:* [Boccaccio Giovanni; scrive la *Vita di Dante e il Comento sopra l'Inferno;* suo *Ameto;* ripreso de' suoi scritti impuri dal *Beato Pietro Petrone* Certosino; suoi furti scoperti], e l' *Indice delle cose notabili nelle Annotazioni dello Zeno:* [Boccaccio Giovanni Fiorentino, e sua morte pia; testamento; parlò da buon cattolico e come tale fu difeso dal card. Bellarmino; inventore dell'ottava rima, dell'Egloga e del Poema eroico volgare; se abbia tradotto la prima deca di Tito Livio: suo *Ninfale* che cosa sia; *Ameto* e prime edizioni di esso; *Corbaccio* ed edizioni di quello; e della *Fiammetta* e del *Filocolo* e quale sia; *Decamerone* e quante volte ristampato in Venezia; novelle prese da un Romanzo *francese;* correzione che vi fecero i Deputati e chi fossero; come e quando licenziato: perchè dal Salviati corretto di nuovo e guastato].

**39**

1722. **Negri Giulio,** Giovanni Boccaccio.

Nella *Istoria degli scrittori fiorentini.* — *Ferrara, Pomatelli,* 1722, p. 269. **40**

1723. **Biscioni Anton Maria,** Prose antiche di Dante e Boccaccio. — *Firenze, Tartini e Franchi,* 1723, in-8.

Contiene la *Vita di Dante* del Boccaccio, l'*epistola* a Pino de' Rossi, l'*epistola* al Nelli, con osservazioni sull'autenticità della medesima, l'apocrifa lettera a Cino da Pistoia, ecc. **41**

1723. **Gimma Giacinto,** Idea della storia dell'Italia letterata. — *Napoli, 1723, nella stamperia di Felice Mosca.*

Vedi l'indice delle materie: [Boccaccio inventò l'ottava rima; suoi libri corretti; sua nascita e morte; andò in Parigi fanciullo; tornò nell'Italia e si applicò agli studj; notizie della sua vita. **41 bis**

1725. Il "Decamerone„ di Giovanni Boccaccio pubblicato con osservazioni di **Paolo Rolli.** — *Londra, Edlin,* 1725, in-4. **42**

1726. **Buonamici Giuseppe,** Lettera sopra il "Decamerone„ del Boccaccio. — *S. l. e t.,* 1726, in-4.

Riprodotta anche negli *Opuscoli* del Calogerà, tomo I, p. 337. **43**

1728. **Buonamici Giuseppe,** Lettera critica sulle osservazioni aggiunte all'edizione del Decamerone del Boccaccio fatta in Londra nel MDCCXXV, esattissimamente simile pagina per pagina e linea per

linea alla rarissima edizione dei Giunti in Firenze
nel MDXXVII, e lettera rispondente del sig. Rolli.
— *In Parigi, Coignar*, 1728, in-4.               **44**

1729. **Buonamici Giuseppe**, Replica alla lettera rispondente del signor Rolli sulle osservazioni da
lui fatte sopra il Decamerone del Boccaccio. — *Parigi, appresso la vedova Pissot*, 1729, in-4.     **45**

1730. **Crescimbeni Gio. Mario**, Comentarj intorno
alla istoria della Volgar Poesia. Vol. II. — *Venezia*, 1730, *presso Lorenzo Basegio*.
A. pp. 186-190, *Giovanni Boccaccio*. Vedi anche
i varî indici per altri rimandi.                  **46**

1729-41. **Niceron Jean Pierre**, Jean Boccace.
In *Mémoires pour servir à l'histoire des hommes
illustres*. — *Paris*, 1729-41, tomo XXXIII, p. 30. **47**

1739. **Quadrio F. Saverio**, Della storia e della ragione d'ogni poesia, vol. I. — *Venezia*, 1739 (vol.
IV, *Milano*, 1749).
Vedi anche le edizioni successive. Per le traduzioni di opere boccaccesche, e la bibliografia in genere (vedi l'indice generale). *Ameto, Corbaccio e
Decameron* verseggiato. Notizie sul Boccaccio. **48**

1742. **Manni Domenico Maria**, Istoria del " Decamerone „ di Giovanni Boccaccio. — *In Firenze*, 1742,
in-4.                                             **49**
Interessa la Vita del Boccaccio e le sue opere
(parte I) il *Decameron* illustrato nelle sue novelle (parte II) e la pubblicazione, censure, edizioni, versioni, correzioni del *Decameron* (parte III).

1747. **Manetti Jannotius**, Specimen historiae littera-
riae florentinae saeculi decimitertii ac decimiquarti,
sive vitae Dantis, Petrarchae ac Boccaccii saeculo XV scriptae etc. — *Florentiae, apud Joannem
Paulum Giovannelli*, 1747, in-8.

L'editore è L. MEHUS, che vi pubblica anche la
*Vita del Boccaccio* scritta da SICCONE POLENTONE.

**50**

1752. **Lami Giovanni**, Ragguaglio del manoscritto
delle Chiose del Boccaccio sulla " Commedia „ di
Dante.

Nelle *Novelle letterarie di Firenze*, tomo XIII
(1752) p. 321, 447, 479. **51**

1752. **Zeno Apostolo**, Dissertazioni Vossiane, cioè
giunte e osservazioni intorno agli storici italiani
che hanno scritto latinamente, rammentati dal
Vossio nel III libro *de historicis latinis*, tomo I.
— *In Venezia, 1752, per Giambatista Albrizzi
Q. Gir.*

A pp. 6-14, Biografia di Giovanni Boccaccio. **52**

1753. **Corticelli Salvadore**, Della toscana eloquenza
discorsi cento detti in dieci giornate, da dodici no-
bili giovani in una villereccia adunanza ecc. —
*Venezia, 1753, per Antonio di Castro.*

Per la imitazione formale del *Decameron*. **53**

1754. "Decamerone„ di M. Giovanni Boccaccio ripur-
gato con somma cura da ogni cosa nocevole al
buon costume e corredato con note ecc. per **Aless.
Bandiera** sanese ecc. Volumi 2. — *Venezia*, 1754,
in-8.

A p. 237 e segg. del vol. II, il Bandiera pone una
*Boccaccevole Frasologia*. **53 bis**

1754. **Fabricii Jo. Alberti**, Vita Boccaccii.

In *Bibliotheca latina mediae et infimae latini-
tatis*, tomo I. — Padova, 1754, p. 248. **54**

1754-56. **Lami Giovanni**, Lettere sul " Decamerone „
del Boccaccio.

Nelle *Novelle letterarie di Firenze*, tomo XV
(1754), pp. 209, 225, 257, 273, 529; tomo XVI (1755),
p. 33; tomo XVII (1756), p. 673. **55**

1759. **Gradenigo Giangirolamo.** Giovanni Boccaccio fiorentino.

In *Ragionamento istorico-critico intorno alla letteratura greco-italiana.* — *Brescia, Rizzardi,* 1759, p. 136.                    **56**

1760. **Bergantini G. P..** Raccolta di tutte le voci scoperte sul vocabolario della Crusca e aggiunta di altre di Dante, Petrarca e Boccaccio. — *Venezia, stamp. Radiciana,* 1760, in-4.          **57**

1760. **Cromaziano Agatopisto** [APPIANO BONAFEDE], Giovanni Boccaccio.

Nei *Ritratti poetici, storici e critici di varii moderni uomini di lettere,* seconda edizione — *Venezia, Pitteri,* 1760, parte II, p. 33.          **58**

1762. **Martinelli Vincenzo.** Osservazioni storiche e critiche sul Boccaccio.

Nell'edizione del *Decamerone* corretto. — *Londra, Nourse,* 1762.                    **59**

1765. **Hager Johannes Georg..** Programmata III de Joanne Boccatio veritatis evangelicae teste. — *Chemnic,* 1765, in-4.                    **60**

1766. **Pelli Giuseppe,** Elogio di messer Giovanni Boccaccio.

Nella *Serie di ritratti d'uomini illustri toscani con gli elogi istorici dei medesimi.* — *Firenze, Allegrini,* 1766, vol. I.                    **61**

1767. **Jovius Paulus,** Boccaccius.

In *Elogia virorum literis illustrium.* — *Firenze,* 1767.                    **62**

1772. **Mazzuchelli Giammaria,** Gli scrittori d'Italia, cioè notizie storiche e critiche intorno alla vita e agli scritti dei letterati italiani, vol. II, parte II. — *Brescia,* 1772.

A pp. 1315-370, Boccaccio.                    **63**

1806. **Baldelli Gio. Battista.** Vita di Giovanni Boccacci. — *Firenze, appresso Carlo Ciardetti e C.*,
1806, in-8.

Oltre i sommari particolareggiati di ciascun libro, vedi le varie illustrazioni: 1. Della letteratura
greca in Italia dalla decadenza dell'impero d'oc-
cidente sino all'età del Petrarca e del Boccaccio: e
dell'influenza che ebbero questi nel propagarla. — 2.
Della famiglia di Giovanni. Di Boccaccio padre di
lui. E del luogo della sua nascita. — 3. Del *Decamerone* — 4. Delle calunnie apposte al Boccaccio.
Confutazione delle medesime. — 5. Della Fiammetta. **71**

1806. **Dionisi Gian Jacopo,** De vizj a Dante imputati
da G. Boccaccio e da altri.

In *Preparazione istorica e critica alla nuova
edizione di Dante Allighieri. — Verona*, 1806,
tomo II, p. 29 sgg. **72**

1811. **Ginguené P. Luigi,** Histoire littéraire d'Italie.
Tomo III. — *Parigi, Michaud*, 1811.

Cap. XV. Boccace. Notice sur sa vie ; coup d'oeil
général sur ses différents ouvrages, autres que le
*Décameron*; en latin; Traités mythologiques, historiques etc.; seize Églogues; en italien, Poèmes ;
Romans en prose; la Vie du Dante; Commentaire
sur la *Divina Commedia.* Cap. XVI. De *Cent Nouvelles,* ou du *Décaméron* de Boccace. — Cfr. anche
l' *Indice generale* delle materie.

Vedi anche la traduzione italiana di quest'opera,
dovuta al prof. B. PEROTTI (*Firenze*, 1826), che contiene la stessa distribuzione dei capitoli. **73**

1812. **Gamba Bartolomeo,** Vita di Giovanni Boccaccio.

In *Vite e ritratti d'uomini illustri italiani,*
vol. I. — *Padova*, 1812. **74**

1814. **Bonaventura Tommaso.** Lettera a Rosso Martini sopra l'autore dell'Urbano.
Nella *Collezione d'opuscoli scientifici e letterari.*
— *Firenze, Daddi,* 1814, vol. XVIII. **75**

1815. **Marsand Antonio,** Memoria bibliografica della scoperta di una edizione del "Decamerone „ del secolo XV finora non conosciuta dai bibliografi. — *Venezia,* 1815, 'in-4.
Questa pubblicazione fu poi ritirata dall'autore, perchè errata. **76**

1818. **Bottari Giovanni,** Lezioni sopra il "Decamerone „. — *Firenze, presso Gaspero Ricci,* 1818, 2 volumi in-8. **77**

1818. **Grazzini Francesco,** Ragguaglio delle inedite lezioni di Mons. G. Bottari sopra il "Decamerone „: lettera all'Abate Morelli. — *S. n. t.,* in-8. **77 bis**

1818. [GIOVANNI BOCCACCIO], Descrizione della pestilenza stata in Firenze l'anno di nostra salute 1348. — *Milano,* 1819. **78**

1819. **Perticari Giulio,** Intorno un antico poema attribuito a G. Boccaccio.
In *Giornale arcadico,* I (1819) p. 1-32. Si tratta del poemetto sulla *Passione di Cristo.* **79**

1820. **Lami Giovanni,** Appendice all'illustrazione istorica sul "Decamerone „ del Boccaccio, scritta da D. M. Manni. — *Milano, co' tipi di Giovanni Pirotta,* 1820, in-4.
Per le fonti del *Decameron.* **80**

1821. **Amalteo Francesco,** Lettera sopra il testo del "Decamerone „ guasto in più luoghi.
Nell'*Epistola poetica di Dalmistro Angelo* ecc. — *Venezia,* 1821. **81**

1821. **Cesari Antonio,** Postille alla lettera del signor Francesco Amalteo all'arciprete Dalmistro sulle correzioni al testo del " Decamerone „ guasto in più luoghi.

Nel *Giornale sulle scienze e lettere delle Provincie Venete.* — *Treviso,* 1821, tomo I.    **82**

1821. **Fiacchi Luigi,** Osservazioni sul " Decamerone „ di M. Giovanni Boccaccio con due lezioni dette dal medesimo nell'Accademia della Crusca. — *Firenze, nella stamperia Magheri,* 1821, in-8.    **83**

1821. **Fiacchi Luigi,** Lezione sulla nascita di messer Giovanni Boccaccio, letta nell'adunanza del dì 21 giugno 1821.

In *Atti dell'Accademia della Crusca,* tomo II, p. 438.    **84**

1821-24. **Willm Joseph,** Notices biographiques de Jean Boccaccio.

Nel *Musée des protestants célèbres.* — Paris 1821-24, tomo I, parte I, p. 61.    **85**

1822. **Benci Antonio,** Discorso sulle osservazioni di L. Fiacchi intorno al " Decamerone „ del Boccaccio.

Nell'*Antologia,* vol. V (1822), p. 65.    **86**

1822. **C[ardinali] C.,** Sulla " Divina Commedia „ di Dante di mano del Boccaccio, cantica I, "Inferno „ 1822.    **87**

1822. Sulle vite dei Santi Padri e sui principali sacri ed ascetici Scrittori del Trecento. Considerazioni di **Giuseppe Riva.**

In *Memorie di religione, di morale e di letteratura,* tomo II (1822), p. 389 e segg. Si parla della prosa del Boccaccio.    **88**

1823. **Follini Vincenzo,** Sopra il più antico codice del " Decamerone „ del Boccaccio contenente solo una parte di quest'opera e scritto vivente il Boccaccio medesimo circa il 1354 o 1355: lezione detta nell'adunanza del dì 11 febbraio 1823.

In *Atti della regia Accademia della Crusca,*
tomo III, p. 97.                                  **89**

1824. **Ginguené P. L.**, Notizia sulla vita e gli scritti
di messer Giovanni Boccaccio.

Nel *Decamerone*, ediz. *Ciardetti.* — *Firenze*, 1824,
tomo I, p. 5.                                     **90**

1824. **Parenti, M. Antonio** Disamina d'alcune proposi-
zioni estratte dall'Analisi del Poema di Dante nella
Storia letteraria d'Italia del Ginguenè.

In *Memorie di religione, di morale e di letteratura*, tomo VI (1824), p. 263 e segg. Si parla della
lingua e della prosa del Boccaccio. Altri attacchi
contro il Boccaccio, *Ivi*, IX, p. 607 e XI, 317.   **91**

1825. Due illustri prose di Messer **Giovanni Boccaccio.** Testi di lingua nuovamente emendati [BAR-
TOLOMEO GAMBA, editore]. *Venezia, dalla tipog.
d'Alvisopoli*, 1825, in-16.

Pubblica con osservazioni la *Vita di Dante* e
l'*Epistola a Pino de' Rossi.*                    **91** bis

1825. **Maffei Giuseppe**, Storia della letteratura italiana. — *Milano, Società de' Classici*, 1825.

Vol. I, cap. VII. Giovanni Boccaccio. Sua vita.
Sue opere latine. Poesie volgari. La *Teseide.* Il *Filostrato.* L'*Amorosa Visione.* Il *Ninfale Fiesolano.*
Il *Filocopo.* La *Fiammetta.* Il *Corbaccio.* L'*Ameto.*
*Vita e Commento di Dante.* Il *Decamerone.* Correzione fattane prima dai Deputati e poi dal Salviati.                                           **92**

1825. **Rosellini Ippolito**, Lettera al professor Francesco Rosaspina di Bologna sulla casa di Giovanni
Boccaccio in Certaldo.

Nell'*Antologia*, tomo XX (1825) p. 86.          **93**

1826. **Cateni Francesco**, Lettera al signor Francesco
Pergoli-Campanelli, patrizio Cingolano, sopra la
tomba di Messer G. Boccaccio.

Nel *Nuovo Giornale dei Letterati* (Pisa,) vol. II (1826), p. 100. **94**

1826. **Cateni Francesco,** Lettera seconda al Sig. Francesco Pergoli-Campanelli, patrizio Cingolano, sopra la tomba di messer Giovanni Boccaccio. — *Colle, presso Eusebio Pacini,* 1826, in-8. **95**

1826. **Villani Filippo,** Vitae Dantis, Petrarchae et Boccacci ex codice inedito Barberiniano. — *Florentiae, typis Magherianis,* 1826, in-8. **96**

1827. **Audin de Rians L. S.,** Lettera agli editori delle *Bellezze della letteratura italiana,* colla quale si danno le varianti d'una edizione del Ninfale fiesolano di M. Giovanni Boccaccio del secolo XV incognita ai bibliografi. — *Firenze,* 1827, in-8. **97**

1827. **Ciampi Sebastiano,** Monumenti di un manoscritto autografo di messer Giovanni Boccacci da Certaldo, trovati ed illustrati. — *Firenze, per Giuseppe Galletti,* 1827, in-8.
1. Descrizione del Zibaldone autografo degli studj di Giovanni Boccaccio. — 2. Cronologia d'una parte della vita di Gio. Boccaccio dedotta dai documenti che in questo libro sono contenuti. 3. — Navigazione de' Fiorentini alle Canarie ed ad altre isole oceaniche l'anno 1341. — 4. Epistola Johannis de Certaldo Zenobio de Strata. — 5. La stessa tradotta in volgare da Sebastiano Ciampi. — 6. Sonetto di G. Boccaccio. — 7. Lettera di Francesco Petrarca a Giovanni Boccaccio tradotta di latino in volgare dal suddetto. — 8. Epistola magistri Zenobii de Florentia poetae. — 9. Parte d'un discorso latino di Zanobi da Strada. — 10. Titoli delle Sentenze di Seneca. — 11. Fax-imile del carattere di mano di Giovanni Boccaccio. **98**

1827. **Ciampi Sebastiano,** Lettera di messer Giovanni Boccacci da Certaldo a maestro Zanobi da Strada,

con altri monumenti inediti a maggiore illustrazione del Zibaldone di lui pubblicati. — *Firenze,*
*per Niccolò Conti*, 1827, in-8.     **99**

1827. **Gamba Bartolomeo,** Lettera ad A. Zendrini su
la " Vita di Dante „ scritta dal Boccaccio.
In *alcune operette.* — *Milano*, 1827, in-8, pp. 395-
418.     **100**

1827. **Silvestri Giuseppe,** Osservazione all'articolo intorno al Decamerone nuovamente purgato (*Pistoia*,
1825) inserito nel fasc. XXX, anno V (1826) delle
*Memorie di religione, di morale e di letteratura.*
Nelle *Memorie di religione, di morale e di lette-*
*ratura*, tomo XII (1827) p. 170 e segg. L'articolo nel
tomo X (1826) p. 570 e segg. sull'edizione del *De-*
*camerone* del Silvestri è di M. A. PARENTI.     **110**

1827. **Poveda (De) Giuseppe,** Del sepolcro di messer
Giovanni Boccaccio e di varie sue memorie: esame
storico corredato del ritratto dello stesso Boccaccio delineato sull'originale di Certaldo. — *Colle,*
*tip. Pacini e figlio*, 1827, in-8.     **102**

1827. **Poveda (De) Giuseppe,** Lettera in risposta al
chiarissimo sig. Canonico Cavaliere Sebastiano
Ciampi, regio corrispondente attivo di scienze e
lettere in Italia del Regno di Polonia, sopra le osservazioni alla nota 2ª della p. 13 dell'opera " Esame storico del sepolcro di messer Giovanni Boccaccio „. — *Colle, presso Eusebio Pacini e figlio*,
1827, in-8.     **103**

1827. **Riva Giuseppe,** Dell'eloquenza degli italiani.
In *Memorie di religione, di morale e di lettera-*
*tura*, tomo XI (1827) pp. 441 e segg. Si parla del
Boccaccio prosatore.     **104**

1828. **Ciampi Sebastiano,** Disamina sull'opinione di
Giovanni Boccaccio intorno alla così detta Pa-

pessa Giovanna. — *Firenze, nella tip. Ronchi e Celli*, 1828, in-8. **105**

1828. **Foscolo Ugo,** Discorso storico sul testo del Decamerone di messer Giovanni Boccaccio, premesso all'edizione delle Cento Novelle fatta in Londra. — *Lugano, G. Ruggia e C.*, 1828, in-8. **106**

1828. **Poveda (De) Giuseppe,** Del cenotafio di messer Giovanni Boccaccio, opera di Gian Francesco Rustici, scultore fiorentino: illustrazione. — *Firenze, presso Leonardo Ciardetti*, 1828, in-8. **107**

1828. **Repetti Emanuele,** La disamina del prof. Seb. Ciampi sull'opinione di Giovanni Boccaccio intorno alla così detta Papessa Giovanna. — *Firenze*, 1828, in-8.

Estratto dall'*Antologia*, n. LXXXVIII, aprile, 1828. **108**

1828. **Rossetti Domenico,** Petrarca, Giulio Celso e Boccaccio; illustrazione bibliologica. — *Trieste, Moranigh*, 1828, in-8. **109**

1829. [BOCCACCIO GIOVANNI] Madonna Dianora udinese. Novella giusta la lezione di un codice del sec. XIV. — *Udine*, 1829. **110**
Per *Decameron*, X, 5.

1829. **Fiacchi Luigi,** Lezione sul " Decameron „ di messer Giovanni Boccaccio, detta nell'adunanza del dì 13 maggio 1817.

Negli *Atti della r. Accademia della Crusca*. — *Firenze*, 1829, tomo II, p. 1. **111**

1829. **Gamba Bartolommeo,** Giovanni Boccaccio, Pistola a messer Francesco Priore di S. Apostolo, testo di lingua pubblicato da un codice della Marciana ecc. — *Milano, tip. dei Classici*, 1829, in-8.
Per l'autenticità dell'*epistola* a Francesco Nelli. **112**

1829. **Rigoli Luigi**, Lezione letta nell'adunanza della Crusca il dì 10 marzo 1829, sopra un testo a penna di Pier Segni col titolo di " Chiose di Dante „, esistente nella Libreria Riccardiana, creduto smarrito, dal Vocabolario del 1729 falsamente attribuite al Boccaccio.

Nell'*Antologia*, tomo XXXV (1829), p. 35. **113**

1830. **Ciampi Sebastiano**, Sulla falsità della lettera di Giovanni Boccaccio al priore della chiesa dei SS. Apostoli: esame critico con la lettera del medesimo Giovanni Boccaccio a Zanobi da Strada. — *Firenze, tip. Celli e Ronchi*, 1830, in-8. **114**

1830. **Ciampi Sebastiano**, Monumenti di un manoscritto autografo e lettere inedite di Giovanni Boccaccio. — *Milano, Molina*, 1830, in-16. — Ripubblica gli scritti boccacceschi editi prima sparsamente, insieme con alcuni articoli polemici ai quali avevano dato occasione. **115**

1831. **Audin De Rians L. Stefano**, Osservazioni bibliografiche-letterarie intorno ad una edizione sconosciuta del Morgante Maggiore di Luigi Pulci, eseguita in Firenze nel 1482, colla descrizione d'un'edizione del " Decameron„ di Giovanni Boccaccio che credesi eseguita nella stamperia di San Jacopo di Ripoli circa il 1483. — *Firenze, nella stamp. arcivescovile della Croce Rossa*, 1831, in-8. **116**

1831. **Follini Vincenzo**, Lezione sopra due edizioni del secolo XV, l'una creduta delle cento novelle antiche, l'altra del "Decamerone „ del Boccaccio, nella quale si dimostra essere ambedue una sola edizione del Decamerone. — *Firenze*, 1831, in-8. **117**

1832. **Arri Giannantonio**, Di un volgarizzamento della quarta deca di T. Livio giudicato di G. Boccaccio. — *Torino, tip. di G. Pomba*, 1832, in-8. **118**

1842. **Amalteo Francesco,** Lettera a Pietro Oliva del Turco sopra un passo del "Decamerone „. — *Udine, tip. Vescovile,* 1842, in-8. **133**

1842. ... omento sopra la "Divina Commedia „ ... della studiosa gio-
... **nari.** — *Firenze,* **134**

... llighieri
... zine

1832. **Colombo Michele,** Tre dicerie sopra alcuni luoghi del "Decamerone „ del Boccaccio.
   Negli *Ospuscoli.* — *Padova,* 1832, vol. III, p. 55.
   **119**

1832. **Colombo Michele,** Due lettere scritte al canonico Domenico Moreni sopra due luoghi del "Decamerone „ del Boccaccio.
   *Opuscoli.* — *Padova,* 1832, vol. III, p. 171-179.
   Per il *Decameron,* X, 9, e III, 7. **120**

1832. **Rossetti Gabriele,** Dello spirito antipapale che produsse la riforma; sulla segreta influenza ch'esercitò sulla letteratura di Europa, e specialmente d'Italia, come risulta da molti suoi classici, massime da Dante, Petrarca e Boccaccio. — *Londra, Rolandi,* 1832. **121**

1832. **Todeschini Giuseppe,** Opinione sulla epistola al priore di Santo Apostolo, attribuita al Boccaccio e rimessa in luce da Bartolommeo Gamba. — *Venezia, dalla tip. d'Alvisopoli,* 1832, in-8. **122**

1834. **Salfi Francesco,** Manuale della storia della letteratura italiana, vol. I. — *Milano, Silvestri,* 1834.
   Il cap. VII, pp. 79-94. Il Boccaccio. — Suoi romanzi e loro spirito; le Novelle; pregi e difetti del suo stile. — Vita e Commento di Dante.
   Quest'opera fu prima pubblicata col titolo: *Ristretto della storia della letteratura italiana,* tomo I — *Lugano, coi tipi di G. Ruggia e C.,* 1831. **123**

1836. **Lomonaco Francesco,** Vita di Giovanni Boccaccio.
   In *Opere,* tomo VII. — *Lugano,* 1836, p. 59. **124**

1836. **Schlegel Guglielmo,** Dante, Petrarque et Boccace, a propos de l'ouvrage de M. Rossetti.
   In *Révue de deux mondes* VII (1836) p. 400.
   Ripubblicato ne' suoi *Essais historiques et littér.* — *Bonn, Weber,* 1842, p. 40. **125**

1836. Volgarizzamento di Maestro Donato da Casentino dell'opera di Messer G. Boccaccio " de claris mulieribus „ rinvenuto in un codice del XIV secolo. dell'Archivio Cassinese, ora per la prima volta pubblicato per cura e studio di **D. Luigi Tosti.** — *Napoli, Dalla Tip. dello Stabilim. dell' "Ateneo „,* 1836, in-8.

Vedi a pp. XIII e XXIV: *Memorie storiche su la vita di M. Donato da Casentino,* e a pp. 308-322 le *Note dell'editore.* — C'è anche una seconda edizione senza alcun cambiamento. — (*Milano, Silvestri,* 1841). **125 bis**

1837. **Repetti Emanuele,** Osservazioni sopra i " Monumenti di un manoscritto autografo di G. Boccaccio „ illustrati da S. Ciampi; sopra una lettera del medesimo al maestro Zanobi da Strada e del di lui sepolcro e varie altre memorie, esame storico di G. Poveda : discorso.

Nell'*Antologia,* tomo XXVIII (1837), p. 58. **126**

1837. **Sismondi (de) Sismondo,** De la littérature du midi de l'Europe, vol. I. — *Bruxelles, H. Dumont,* 1837.

La prima edizione è di Parigi 1813-29. La traduzione italiana è del 1820. (*Milano, Silvestri*). Il cap. XI, è intitolato *Boccace:* Supériorité des trois grands génies que produisit l'Italie au quatorzième siècle, sur tous leurs contemporains. La prose italienne créée par Boccace. Notice sur la vie de Jehan Boccace 1313 à 1375. Caractère du *Décamérone* ou recueil de ses Nouvelles. Cadre hautement sérieux dans lequel l'auteur enchâsse une conception badine. — *Fiammetta* de Boccace, roman où l'amour s'exprime dans le language le plus passionné. — Mélange des deux mythologies païenne et chrétienne dans la *Fiammetta.* — Même mélange dans le *Filocopo,* roman chevaleresque de Boccace. — Boccace s'essaya le premier dans la poésie épique

en Italie; sa *Théseide* et son *Filostrato.* — Il est l'inventeur de la *rima ottava,* ou de la strophe épique du peuple du Midi. — Les ouvrages latines de Boccace étendirent la connaissance de l'antiquité. — Boccace et Pétrarque communiquèrent à leur siècle cet enth... pour les ... changé le g... Boccace... donnée...

1837

. . . isia. . . . . . . . . . . . . nciens qui a
. . . ut comme les études de l' Europe. —
. . . renouvela l'étude de grec, qui était aban-
. . . .                                      **127**

. **Tommaseo Niccolò**, Osservazioni sull'esame
critico di S. Ciampi sulla falsità della lettera di
Giovanni Boccaccio al priore della Chiesa dei SS.
Apostoli.
> Nell'*Antologia*, tomo XXVIII (1837), p. 104. **128**

1839. **Dumeril Edélestand**, Des sources du " Décameron „.
> Nell' *Histoire de la poésie scandinave*. — *Paris*,
> 1839, pp. 344-360.                          **129**

1839. Osservazioni critiche su la Vita di Dante Allighieri compilata da **G. Boccaccio**.
> In *La Comedia*. — *Napoli, Cioffi*, 1839, pp. 47-65.
>                                              **130**

1839. The Pentameron and Pentalogia.
> In *The Quarterly Review*, vol. LXIV (1839),
> pp. 396-406.
> Per le relazioni tra Boccaccio e Petrarca, a pro-
> posito dello scritto di W. S. LANDOR, così intito-
> lato (*Londra*, 1837).                      **131**

1840. **Galvani Giovanni**, Di San Giuliano lo *Speda-
liere* e del *Pater noster* usato dirgli dai viandanti,
ad illustrazione di un luogo del " Decamerone „ del
Boccaccio.
> Nelle *Lezioni accademiche*. — *Modena, Vincenzi
> e Rossi*, 1840, tomo II.
> Per *Decameron*, II, 2.                     **132**

1842. Fiore del [...]
di Dante, ora ridotto ad us[...]
ventù italiana da **G. F. Monta[...]**
1842, in-16.

1843. Rubriche della "Commedia" di Dante [...]
scritte in prosa e breve raccoglimento in ter[...]
di quanto si contiene nella stessa "Commedia"[...]
*Venezia*, 1843, in-8.

Pubblicato per Nozze Milan-Massari Comello,
da G. COMELLO con prefazione di E. CICOGNA e note
di G. VELUDO.                                          **135**

1844. **Bocchii Francisci**, De tribus viris clarissimis,
Boccaccio, Petrarcha, Dante.

In *Elogiorum quibus viri doctissimi nati Florentiae decorantur. — Firenze*, 1844, p. 40.

È unito con questa data e con paginazione dif-
ferente all'opera *Philippi Villani liber de civitatis
Florentiae famosis civibus ex codice mediceo lau-
rentiano nunc primum editus* ecc. da G. CAMILLO
GALLETTI. — *Firenze*, 1847. L'editore, oltre agli
*Elogi* del Bocchi, ripubblica la vita del Boccaccio
di GIANNOZZO MANETTI, l'elogio di PAOLO CORTESI
e altre vite ecc.                                      **136**

1844. **Borghini Vincenzo**, Lettera a Lionardo Salviati
sull'imitazione del Boccaccio.

Fra gli *Opuscoli inediti e rari di classici o ap-
provati scrittori. — Firenze*, 1844, p. 114.   **137**

1844. **Dalmazzo C.**, Ricerche sopra la prima deca di
T. Livio, volgarizzata nel buon secolo. — *Torino,
stamperia Reale*, 1844, in-8.

È il volgarizzamento attribuito al Boccaccio.
                                                       **138**

1844. **Marulli Traiano,** Divinazione filologica sul *Filocopo* del Boccaccio dedicata alle due illustri e celebri accademie della Crusca in Firenze e Pontaniana in Napoli. — *Napoli, Pasca,* 1844, in-8. **139**

1844. **Ruth Emil,** Geschichte der italienischen Poesie. — *Lipsia, Brockhaus,* 1844, vol. I.
Vedi il Cap. VII. Giovanni Boccaccio. Sein Leben. Sein *Dekamerone. Fiammetta — Filocopo* und *Teseide — Filostrato* und *Ninfale Fiesolano.* (pp. 572-592). **140**

1845. Opere volgari di L. B. Alberti, a cura del dott. **Anicio Bonucci,** vol. III. — *Firenze,* 1845.
Il Bonucci (p. 347 e segg.), nega l'autenticità della *Fiammetta* e dell'*epistola* del Boccaccio a Pino de' Rossi. **141**

1845. **Bianchi-Giovini Aurelio,** Esame critico degli atti e documenti relativi alla favola della papessa Giovanna. — *Milano, Civelli,* 1845, in-8.
È la leggenda raccolta anche dal Boccaccio. **142**

1845. **Pizzorno F. T.,** La quarta deca di T. Livio volgarizzata da Giovanni Boccaccio. — *Savona,* 1845.
Nel vol. V dell'opera : *Le deche di T. Livio, volgarizzamento del buon secolo. — Savona, presso Luigi Sambolino,* 1842. **143**

1845. **Spiker S. H.,** Boccaccio's " Fiammetta „.
In *Serapeum Zeitschrift für Bibliothekwissenschaft Handschriftenkunde und ältere Litteratur.* vol. VI (1845) pp. 200-204. **144**

1846. **Barbier A.,** Contes de Boccace traduits de l'italien. — *Paris, Barbier,* 1846.
Vedi la *Notizia storica* sul Boccaccio. **145**

1846. **Schlegel Guglielmo,** Le Dante, Petrarque et Boccacce justifiés de l'imputation de l'hérésie. — *Leipzig, Weidmann,* 1846, in-8. **146**

1851. **Boccaccio Giovanni,** La marchesana di Monferrato, Novella voltata in lingua spagnuola con note e saggio bibliografico di alcune edizioni del " Decamerone „. — *Venezia,* 1851.     **147**

1851. **Dunlop John,** " Decamerone „ des Boccaccio und seine Quellen.

Nella *Geschichte der Prosadichtungen oder Geschichte der Romane Novellen ecc.* traduzione dall'originale *History of prose Fiction, Londra,* 1814, con giunte di FELIX LIEBRECHT. — *Berlin Müller* 1851 p. 214. Cfr. anche l'edizioke inglese riveduta con note appendici e indice da HENRY WILSON *Londra,* 1888.     **148**

1851. La " Griselda „ volgarizzata. Novella inedita tratta da un codice Riccardiano del sec. XIV con note e tavola di alcune voci mancanti al vocabolario per cura di L. BENCINI. — *Firenze, tip. Fabbrini,* 1851, in-8.

Si tratta di un volgarizzamento della versione latina fatta dal Petrarca della nota novella boccaccesca. L'editore di questa versione anonima è L. Bencini.     **149**

1851. **Valory,** Document historique de Boccace pour Pétrarque. — *Avignon,* 1851, in-16.

È la breve biografia del Petrarca composta dal Boccaccio (pubblicata la prima volta dal Rossetti), col volgarizzamento francese e illustrazioni. **150**

1853. **Raffaelli Pietro,** Come Boccaccio nell'anno 1373 desse principio all'esposizione di Dante.

In *Letture di famiglia,* anno II (1853), p. 5-6. **151**

1855. **Mercuri Filippo,** Lezione XII sopra la " Divina commedia „ nella quale si produce la vera vita di Dante latina scritta da G. Boccaccio in confermazione di quanto fu esposto nell'VIII lezione, a dimostrare apocrifa quella italiana che comunemente si dà per vita scritta da lui, si convalida principalmente quanto si dimostra nella lezione XI, cioè che Dante non morì nel 1321; dimostrando inoltre che ciò che dice il Villani, o che più probabilmente da lui non fu detto, è una manifesta interpolazione ed aggiunta d'amanuensi che trovasi soltanto nel codice Recanati: e questa lezione è d'appendice alla lezione XI stampata in Napoli, 1853.

In *Giornale arcadico,* vol. CXLI (1855), pp. 49-78.

**152**

1855. Testamento di Giovanni Boccaccio secondo la pergamena originale dell'archivio Bichi-Borghesi in, Siena. — *Siena, Landi,* 1855.

Vedi anche *Il Testamento di Giovanni Boccaccio* riprodotto in fotografia da LUIGI MAZZOCCHI. — *Siena, Tip. de' Sordomuti,* s. a., in-f. **153**

1855-56. Cenni sulla vita di G. Boccaccio, tratti dalla storia della letteratura italiana di P. EMILIANI GIUDICI.

Nel *Decamerone.* — *Torino, Società editrice,* 1855-56. **154**

1856. **Bonghi Ruggero,** Lettere critiche. Perchè la letteratura italiana non sia popolare in Italia. — *Milano, Colombo e Pirelli,* 1856, in-16. Cfr. anche l'edizione di *Milano,* 1873.

Per la prosa e lo stile del Boccaccio vedi in particolare la lettera XIII. **155**

1856. **Caterina Franceschi-Ferrucci,** I primi quattro secoli della letteratura italiana dal secolo XIII al XVI. Lezioni Vol. I. — *Firenze, Barbéra, Bianchi e C.,* 1856, in-16.

Vedi la lezione XIII: Degli antichi novellieri, poi del Boccaccio — Sua giovinezza — Suoi primi lavori — Quando scrivesse il *Decamerone* — Ambascerie da lui sostenute — Rimorsi destati in

esso dalle parole di un monaco certosino — Tor-
na a Napoli ov'è male accolto dall'Acciajuoli —
Sua amicizia con il Petrarca — Come la Signoria
di Firenze gli ordinasse di spiegare in chiesa la
*Divina Commedia* — Sua morte — Giudizio intorno alle sue opere latine e italiane — Pregi e
difetti del *Decamerone* — Quanto facesse il Boccaccio per diffondere in Italia l'amor della greca
letteratura.

La seconda edizione è del 1873 (*Firenze, Le Monnier*).                                             **155** bis

1856. Saggio bibliografico di alcune edizioni del " Decamerone „.

In *La Marchesa di Monferrato,* novella di G.
Boccaccio voltata in lingua spagnuola con note. —
*Venezia, Merlo,* 1856.                             **156**

1857. **Cereseto Gio. Battista,** Storia della poesia in
Italia, vol. I. — *Milano, Silvestri,* 1857.

A pp. 217-253: G. Boccaccio o della novella e del
romanzo. Cenni biografici del Boccaccio. — Lez.
XIII. Sommario : Influenza degli studii classici sul-
l'animo del Boccaccio. Sua giovinezza e primi studii.
Suo amore per l'antichità e opere di erudizione.
Versi e prose volgari. Ultimi anni e sua morte.

A pp. 254-287. Della novella e del romanzo
dal Boccaccio sino a noi.                           **157**

1857. **Fanfani Pietro,** Breve notizia della vita e delle
opere di Giovanni Boccacci con un ragionamento
sopra il testo Mannelli.

Nel *Decamerone* postillato dal suddetto. — *Firenze, Le Monnier,* 1857, vol. I.                   **158**

1858. **Schück Julius,** Zur Charakteristik der ital. Hu-
manisten des XIV und XVI Jahrhundert. — *Bre-
slau,* 1857.

Per la erudizione del Boccaccio.                    **159**

1858. **Cavedoni Celestino,** Indicazione di un manoscritto inedito contenente la vita di San Pier Damiano, scritta da G. Boccaccio: memoria.

Nelle *Memorie della r. accad. modenese,* tomo
I, parte III (1858) pp. 113-124.

Vi si pubblica anche l'epistola del Boccaccio al
Petrarca: *Opinaris virorum egregie.* **160**

1858. **Cavedoni Giuseppe,** Appendice all'indicazione
del manoscritto inedito contenente la vita di San
Pier Damiano, scritta da G. Boccaccio.

Nelle *Memorie della r. accad. modenese,* tomo I,
parte III (1858) p. 153 e segg. **161**

1858. Contes de Boccace traduits par **A. Sabatier De
Castres,** Nouvelle édition revue et corrigée. —
*Paris,* 1858. **162**

1858. **Da Schio Giovanni,** Sulla vita e sugli scritti
di Antonio Loschi. — *Padova,* 1858.

A p. 145 si parla della versione latina del Loschi della novella Boccaccesca di ser Ciappelletto
(*Decameron,* I, 1). **163**

1858. **Mancini, G.** Poggio Gherardi, primo ricetto alle
Novellatrici del Boccaccio; frammento di B. Gherardi, letterato del secolo XVIII. — *Firenze, Cellini,* 1858 in-8. **164**

1858. **Mirecourt Eugène,** Boccace. — *Paris,*1858, in-32.
**165**

1859. **Borghini Vincenzo,** Risposta alle censure fatte
sopra il Boccaccio dal Maestro del Sacro Palazzo
ad alcuni prelati di Roma. — *Firenze, tip. Galileiana,* 1859, in-8.

Dall'*Appendice delle letture di famiglia,* marzo
1859. **166**

1859. Rubriche e breve raccoglimento della " Commedia „ di Dante; scritture attribuite a **Giovanni
Boccaccio.** — *Venezia,* 1859, in-16.

Edite da L. Pizzo, prefazione di E. Cicogna e note di G. Veludo. **167**

1859. **Sanfilippo Pietro**, Storia della letteratura italiana. — *Palermo, P. Lauriel*, 1859.

Vedi nel vol. I la parte relativa al Boccaccio.

**168**

1859. **Tribolati Felice**, Commento sulla novella VIII della giornata ottava del "Decamerone „: diporto letterario scritto innanzi il 27 aprile 1859. — *Firenze, tip. Galileiana di M. Cellini e C.*, 1859, in-8.

Estratto dal *Poliziano*, vol. I, n. 5 (maggio 1859).

**169**

1859. **Witte Karl**, Giovanni di Boccaccio.

In *Dekameron aus dem Italienischen übersetz.* — *Lipsia*, 1859, in-8. **170**

1860. [Boccaccio Giovanni], Decameron von **Heinrich Steinhöwel**, herausgegeben von Adelbert von Keller. — *Stuttgart*, 1860, in-8. [Bibliothek des litterarischen Vereins in Stuttgart, 51].

A. p. 673 e segg., tra le *Anmerkungen des Herausgebers* la vita del traduttore. **170** bis

1860. **Castagna Niccola**, Di un acrostico di Giovanni Boccaccio.

Nella *Sirena*, anno XIV (1860) p. 89. **171**

1860. Intorno alla obbedienza ed alla fedeltà della moglie. Novella tratta dalla X della giornata decima del "Decamerone „ di G. Boccaccio. Preceduta da una lettera al Boccaccio tradotta dal latino da Giovanni Paoletti, [per nozze Giuriati-Rigaglia]. — *Venezia, tip. del Commercio*, 1860, in-8.

È la *Griselda* tradotta dal Petrarca. **172**

1860-61. **Mugna Pietro**, Lettera al chiarissimo padre Bartolommeo Sorio sopra un passo ch'egli riteneva errato in tutte le edizioni del Boccaccio.

Nella *Gazzetta Ufficiale di Venezia*, u. 293 del 1860 e n. 4 del 1861. **173**

1861. **Mussafia Adolfo,** Difese d'un illustre. Studio ecc. — *Vienna*, 1861, in-8. (Tip. Jacob & Holzhausen).

Si riferisce al libro XV della *Genealogia degli dei* di cui offre, tradotto, un diligente e succoso sunto. **174**

1861. **Tessier Andrea,** Lettera al padre Bartolommeo Sorio pel " Decamerone ".

Nella *Gazzetta ufficiale di Venezia,* nn. 4-5 del 1861. **175**

1862. Argumenti in terza rima alla " Divina Commedia " di Dante Alighieri. (*attribuiti al Boccaccio*).

In *Rime di Cino de' Sinibuldi, ordinate da* G. CARDUCCI — *Firenze*, 1862, p. 390 e segg. e in *Poesie di mille autori intorno a Dante pubblicate ecc. da* CARLO DEL BALZO, vol. II, 1890, p. 220 e segg. **176**

1863. Il " Comento " di Giovanni Boccaccio sopra la " Commedia " con le annotazioni di ANTON MARIA SALVINI, preceduto dalla Vita di Dante Allighieri scritta dal medesimo per cura di GAETANO MILANESI. — *Firenze, Le Monnier*, 1863, in-16.

**176 bis**

1863. **Döllinger (De) Ignazio,** Die Papst Fabeln des Mittelalters, *Monaco*, 1863.

Per la leggenda della Papessa Giovanna. **177**

1863. **Montégut Emile,** La fiancée du roi du Garbe et le " Décaméron ".

Nella *Revue de deux mondes*, 1° giugno 1863. — Per il *Decameron* II, 7. **178**

1863. **Tanfani Leopoldo,** Nicola Acciaiuoli. Studî storici. — *Firenze, Le Monnier,* 1863.

Per le relazioni tra il Boccaccio, l'Acciajuoli e il Nelli. **179**

1863. **Tribolati Felice,** Diporto letterario sulla novella prima del "Decamerone „. — *Firenze, tip. Galileiana di M. Cellini e C.*, 1863, in-8.
Estratto dalla *Gioventù*, vol. IV. **180**

1863-67. **Fracassetti Giuseppe,** Lettere di Francesco Petrarca delle cose familiari libri ventiquattro, lettere varie libro unico, ora la prima volta raccolte e volgarizzate e dichiarate con note. — *Firenze, F. Le Monnier*, 1863-67, vol. 5.

Ecco l'indice riguardante il Boccaccio: [Boccaccio o Giov. da Certaldo (XI, 1, 2, 6; XII, 10; XVIII, 3, 4, 15; XXI, 15; XXII, 2; XXIII, 19. *Var.* 25). Manda in dono al Petrarca un'opera di Sant'Agostino, XVIII, 3. Una pure di Varrone ed una di Cicerone da sè copiate. XVIII, 4. Incoraggito dal Petrarca contro l'avversità della sorte, XVIII, 15. Rimproverato perchè sdegni il nome di poeta. Ivi. Si scusa col Petrarca di aver troppo lodato Dante. XXJ, 15. Rimprovera il Petrarca di essersi fissato in Milano, n. 11. XVII, *Var.* 25. Reca al P. le lettere di richiamo a Firenze. XI, 5. Va incontro al P. e lo accoglie in casa sua a Firenze, XXI, 15. Piena notizia della sua relazione col Petrarca. n., 1, XI. Chiama a Firenze L. Pilato e procura la traduzione in latino di Omero. n. 2, XVIII. Va oratore di Firenze al Petrarca, n. 5, XI. A Carlo IV imperatore, n. 1, XX. Visita Petrarca a Milano. n. 5 *Var.* n. 25, e 6, XX. A Venezia, n. 19, XXIII. Si duole di non averlo ivi trovato. n. 1, XI. **181**

1864. **Tribolati Felice,** La fidanzata del re del Garbo: studio sul "Decamerone „ di Giovanni Boccaccio del sig. Emilio Montégut. — *Firenze, stamp. sulle Logge del Grano diretta da G. Polverini*, 1864, in-8. **182**

1864. **Verci Gio. Battista,** Il Raverta di Giuseppe Betussi, con la vita dell'autore. — *Milano,* 1864 (Bibl.
rara Daelli, 30).

    Per il Betussi traduttore del Boccaccio.   **183**

1864-65. **Sorio Bartolommeo,** Disamina critica del testo di lingua il "Filocopo „ del Boccaccio e sua illustrazione storica.

    Negli *Atti dell'Istituto veneto,* Serie III (1864-
65) 10.   **184**

1864-65. **Sorio Bartolommeo,** Lettura seconda sopra
il "Filocopo „ di Giovanni Boccaccio.

    Negli *Atti dell'Istituto veneto,* Serie III (1864-65)
10.   **185**

1865. **Cantù Cesare,** Storia della letteratura italiana.
— *Firenze, F. Le Monnier,* 1865.

    Vedi la parte relativa al Boccaccio.   **186**

1865. **Emiliani-Giudici P..** Storia della letteratura
italiana. — *Firenze, F. Le Monnier,* 1865.

    Lez. VII, p. 305 segg.; Giovanni Boccaccio. Sue
opere varie. Il *Decamerone.* Si studia a risuscitare
e diffondere le lettere antiche e sopratutto le greche. Fa rivivere la Mitologia e la immedesima nella
letteratura nuova. Conseguenza massima su le
sorti future della poesia italiana. Novellieri segui-
tatori del Boccaccio.   **187**

1865. **Grimm Wil..** Die Sage von Athis und Prophilias.

    In *Zeitschrift für deutsches Alterthum,* 1865,
pp. 185-203.

    Per riscontri con *Decameron,* X, 8.   **188**

1865. Notizia sulla vita e le opere di Giovanni Boccaccio.
Nel *Decamerone.* — *Lipsia, Brockhaus,* 1865. **189**

1865. **Rastoin-Brémond.** Recherches sur la vie et les
ouvrages de Boccace.

Negli *Annales de la soc. des Alpes Maritimes,*
tomo I (1865) p. 161. **190**

1865. **Tribolati Felice,** La Griselda : diporto letterario
sull'ultima novella del " Decamerone „. — *Firenze,
stamp. sulle Logge del Grano, diretta da G. Polverini,* 1865, in-8.
Estratto dal *Borghini,* anno II (1864). **191**

1865. **Tribolati Felice,** La Lisa e il Re Pietro : diporto letterario sulla VII novella della decima
giornata del "Decamerone „. — *Firenze, stamp.
sulle Logge del Grano diretta da G. Polverini,*
1865, in-8.
Estratto dal *Borghini,* anno III (1865). **192**

1865. **Tribolati Felice,** La Belcolore : diporto lette-
rario sulla novella II della giornata ottava del
"Decamerone „. — *Firenze, stamp. sulle Logge del
Grano diretta da G. Polverini,* 1865, in-8.
Estratto dal *Borghini,* anno III (1865). **193**

1865. **Wesselofsky Alessandro,** La "Griselda„ di
Boccaccio e la novella russa.
Nella *Civiltà Italiana,* anno I (1865) p. 156 sgg.
**194**

1866. **Castiglia B.,** Giovanni Boccaccio.
Nella *Rivista contemporanea,* vol. XLV (1866)
p. 37. e sgg. **195**
Divagazioni sul Boccaccio in genere.

1867. **Chasles E.,** La Comédie en France au XVI⁰ siècle. — *Parigi,* 1867.
Per l'imitazione boccaccesca e specie pei *Corri-
vaux* del De La Taille e il *Decameron,* V, 5. **196**

1867. **Kissner A.,** Chaucer in seinen Beziehungen zur
italienischen Litteratur. — *Bonn,* 1867.
Per i rapporti di Chaucer col Boccaccio. **197**

1867. **Nardi Jacopo,** Vita di Antonio Giacomini e altri
scritti minori. — *Firenze, Barbèra,* 1867, p. 433 e segg.

Per l'*Amicizia* di Jacopo Nardi, commedia con-
dotta sulla novella boccaccesca di Tito e Gisippo
Per essa vedi anche GASPARY, *Storia*, III, 353. **198**

1867. **Saint Victor (De)**, Du "Décameron„ de Boccace.
Negli *Hommes et Dieux;* études d'histoire et de
littérature. — Paris, 1867. **199**

1867. **Wesselofsky Al.**, Il paradiso degli Alberti. Ri-
trovi e ragionamenti del 1389; romanzo di Giovanni
da Prato. — *Bologna, Romagnoli*, 1867.
Per richiami al *de Genealogia,* al *Filocolo* e al
*Decameron*. **200**

1868. **Dazzi Pietro**, Notizia di Giovanni Boccaccio.
Nelle *Novelle commentate ad uso della gioventù
da P. Dazzi. — Firenze, G. Barbèra*, 1868, *ecc.*
in-16. **201**

1868. **Haupt. B. Otto**, Leben und dichterische Wirksam-
keit des Hans Sachs. — *Posen*, 1898.
Per la conoscenza che H. Sachs ebbe delle opere
del Boccaccio. **201** bis

1868. **Landor W. S.**, The Pentameron, or Interviews
of Messer Giovanni Boccaccio and Messer Francesco Petrarca showing how they discoursed upon
that famous theologian, Messer Dante Alighieri,
and sundry other matters, edited by Pievano D.
Grigi (*pseud.* di W. S. Landor).
In *Works. — London*, 1868, vol. II, p. 501 e sgg.
**202**

1868. Due novelle di messer Giovanni Boccaccio che non
si leggono nel suo "Decamerone„ pubblicate da
GIOVANNI PAPANTI. — *Livorno, tip. di P. Vannini
e figlio*, 1868, in-8.
Son tolte dal IV lib. del *Filocolo* (ed. MOUTIER):
I. Nella terra dove io nacqui ecc. II. Io udii dire
che nella nostra città ecc. **203**

1868. Trenta novelle di messer Giov. Boccaccio, scelte dal suo " Decamerone „, precedute dalla descrizione della pestilenza stata in Firenze nel 1348 dello stesso autore, con annotazioni di FRANCESCO PRUDENZANO. — *Napoli, tip. Palma*, 1868.    **204**

1868. Trenta novelle e la descrizione della pestilenza del 1348 per mess. Giovanni Boccaccio scelte ed illustrate ad uso delle scuole dal prof. GIUSEPPE VAGO. — *Napoli*, 1868, in-8.    **205**

1868. **Ronchini Antonio**, Jacopo Caviceo.
In *Atti e Memorie della Deput. di Storia patria per le provincie Modenesi e Parmensi*, IV (1868), p. 209 e segg.
Per riscontri col *Filocolo* del Boccaccio nel *Peregrino* del Caviceo. Vedi anche più avanti *Romanzieri e Romanzi* ecc. di A. ALBERTAZZI. — Bologna, 1891, p. 7 e segg.    **206**

1868. **Settembrini Luigi**, Lezioni di letteratura italiana dettate nell'Università di Napoli, vol. I. — *Napoli, Morano*, 1868.
Vedi i capp. XXII e XIII: *Il Decamerone*. **207**

1869. Novelle scelte di Giov. Boccaccio e la sua vita scritta da Filippo Villani, con note di PIER LUIGI DONINI. — *Torino, G. P. Paravia*, 1869, in-8. **208**

1869. Trenta novelle e la descrizione della peste cavate dal " Decamerone „ di Giov. Boccaccio, con annotazioni di EM. ROCCO. — *Napoli, Gab. Rondinella*, 1869, in-8.    **209**

1869. **Targioni-Tozzetti G.**, Novelletta del mago e del giudeo. — *Ferrara*, 1869, seconda edizione.
Relazioni con la novella III, giornata prima **210**

1869-70. **Fracassetti Giuseppe**, Lettere senili di Francesco Petrarca volgarizzate e dichiarate con note. Volumi 2. — *Firenze, Le Monnier*, 1869-70.

Ecco l'indice delle materie: [Boccaccio Giovan-
ni. (I,'5; II, 1; III, 1, 2, 5, 6; V, 1, 2, 3; VI, 1, 2; VIII
1, 8; XV, 8; XVII, 1, 2, 3). Suoi timori di vicina
morte. I, 5; Chiama il Petrarca suo maestro. Ivi.
Vuol vendere suoi libri, e li offre al Petrarca. Ivi.
Invitato dal P. a far vita con lui. Ivi. Si ravvede
per le ammonizioni del P. Ivi. Visita il Petrarca
in Venezia III, 1; V, 6. In Padova, X, 4, 5. A Pavia, VIII, 1. Il Petrarca lo invita a fuggir da Firenze desolata dalla peste, e a venire a Venezia,
III, 1. A lui scrive il Petrarca dubbioso ch'ei vi-
va. III, 2. Va legato di Firenze ad Avignone. V,
1. Era corpulento. Ivi. Sua povertà. XVII, 2. Il
Petrarca conosce il suo *Decamerone* e traduce
in latino una sua novella. XVII, 3. Aveva nove
anni meno del Petrarca. VIII. 1.                    **211**

Estratto dal *L'Umbria e le Marche*, anno II, fasc. 8-9. **217**

1870. **Boccaccio G.**, Novelle scelte purgate ed annotate dal sac. prof. CELESTINO DURANDO. — *Torino, tip. dell'Oratorio di San Francesco di Sales*, 1870, 2 volumi in-32.

Il vol. II contiene infine la *Vita di Dante* del Boccaccio.

La seconda edizione è del 1871. **218**

1870-71. Dichtungen von Hans Sachs. Vol. I (Geistliche und weltliche Lieder) pubblicato da **Karl Goedeke**, Vol, II (Spruchgedichte) e Vol. III (Dramatische Gedichte) pubbl. da **Julius Tittmann**. — *Lipsia, Brockhaus*, 1870-71, in-8.

Costituiscono i nn. 4-6 della collezione *Deutsche Dichter des sechzehnten Jahrhundert* ecc. herausgegeben von K. GOEDEKE und J. TITTMANN.

Vedi le introduzioni per i rapporti di Hans Sachs col Boccaccio.

1871. **Gotti Aurelio**, Dante, Petrarca e Boccaccio.

Nei *Cenni biografici di uomini illustri*. — *Firenze, Le Monnier*, 1871. **219**

1872. **Mamhorth F.**, Geoffrey Chaucer; seine Zeit und seine Abhängigkeit von Boccaccio. — *Berlino*, 1872, in-8. **220**

1873. **Potvin Ch.**, Avant Boccace, Perrault et La Fontaine.

In *Revue belg.*, XIV, (1873). **221**

1873. **Tribolati Felice**, Diporti letterarî sul " Decamerone „ del Boccaccio. — *Pisa, Nistri*, 1873.

Nella terza edizione (Pisa, Nistri, 1877) è aggiunto un nuovo diporto. **222**

1874. **Berri Giovanni**, Vita del Boccaccio.

Nel *Decamerone*, prima edizione italiana illustrata. — *Milano, Politti*, 1874. **223**

1874. **Boccaccio Giovanni,** L'Ave Maria in rima. —
*Imola, tip. Galeati,* 1874, in-16.                              **224**

1874. **Cappelletti Licurgo,** Commento sopra la III
novella della prima giornata del " Decamerone „. —
*Bologna, tip. Fava e Garagnani,* 1874, in-8.
Estratto dal *Propugnatore,* vol. VII.         **225**

1874. **Schück G.,** Boccaccio's lateinischen Schriften historischen Stoffes besonders in Bezug auf die alte
Geschichte.
In *Neue Jahrbücher für Philologie,* 1874, p. 467
e segg.                                       **226**

1874. **Westermayer,** Hans Sachs der Vorkämpfer der
neuern Zeit. — *Nürnberg,* 1874.
Per H. Sachs e il *Decameron.*             **226 bis**

1875. Albo dei visitatori della casa di Boccaccio. — *Poggibonsi,* 1875, in-8.                          **227**

1875. **Arsenio Pellegrino,** Francesco Petrarca, Giovanni Boccaccio e lo studio del greco in Italia. —
*Roma, Chiapperino,* 1875, in-8.              **228**

1875. **Boccaccio Giovanni,** Il " Decamerone „ nuova
edizione diligentemente corretta ed illustrata con
note e varianti de' migliori chiosatori; premessovi il
testamento dell'autore ed un discorso storico sul
" Decamerone „ di PAOLO EMILIANI-GIUDICI. — *Milano, F. Pagnano, edit. tip.,* 1875, 2 volumi in-16.
                                              **229**

1875. **Bozzo Giuseppe,** Il Petrarca e il " Decamerone „.
In *Propugnatore,* vol. VIII (1875), parte II, p. 135.
Poche parole sul conto che di quest'opera fece il
Petrarca.                                     **230**

1875. **Cappelletti Licurgo,** Commento sopra l' VIII,
novella della quinta giornata del "Decamerone „. —
*Bologna, tip. Fava e Garagnani,* 1875, in-8.
Estr. dal *Propugnatore,* vol. VIII, parte I.
Per *Decameron,* V, 8.                        **231**

1875. **Cappelletti Licurgo.** Commento alla novella di Nastagio degli Onesti.

In *Propugnatore*, vol. VIII (1875) parte II, p. 309 e segg. **232**

1875. **Casetti A. C.,** Il Boccaccio a Napoli.

Nella *Nuova Antologia*, vol. XXVIII (1875), p. 557 e segg. **233**

1875. **Carducci Giosue,** Ai parentali di Giovanni Boccaccio in Certaldo, XXI dicembre MDCCCLXXV: discorso. — *Bologna, presso Nicola Zanichelli,* 1876, in-8. **234**

1875. **Étienne L.,** Histoire de la littérature italienne depuis ses origines jusqu' à nos jours. — *Paris, Librairie Hachette et C.*[ie], 1875, in-16. [Histoire universelle publiée par une société de professeurs et de savants sous la direction de M. V. DURUY]

È ripubblicata ora tal quale (*Paris, Hachette et C.*[ie], 1895).

Vedi il cap. VIII (pp. 144-169). Romanciers et conteurs. [Les vieux romanciers italiens. — Boccace, sa vie et ses oeuvres diverses. — Le *Décaméron*; plan de l'ouvrage; idée de la nouvelle italienne; composition et style; influence littéraire du livre. — Derniers *trecentisti*; prosateurs contemporains de Boccace]. Cfr. pure le pp. 377 e segg., 432 segg., 433, 447, per il Boccaccio e il Bembo, il B. e i Novellieri del Cinquecento. **234 bis.**

1875. **Hettner H.,** Boccaccio und Petrarcha als Begründer der italienischen Renaissancebildung.

Nella *Deutsche Rundschau*, II (1875), fasc. 4, pp. 228-244. **235**

1875. **Hortis Attilio,** Giovanni Boccacci ambasciatore in Avignone e Pileo da Prata proposto da' Fiorentini a Patriarca di Aquileia. — *Trieste, tip. di L. Herrmanstorfer*, 1875, in-4.

Estratto dai fasc. 5 e 6 dell'*Archeografo trie-*
*stino.*                                                          **236**

1875. **Gioberti Vincenzo,** Analogia del " Decamerone „,
e del " Furioso „ colla " Divina Commedia „.
In *Studii filologici tratti dai manoscritti di lui*
*autografi ed inediti,* Napoli, 1875, p. 147 e segg.
**237**

1875. **Landau Marc,** Beiträge zur Geschichte der italienischen Novelle. — *Wien,* 1875, in-8.
I. NACHAHMER DES DECAMERON IM 14. UND 15. JA-
HRHUNDERT. — 1. Sacchetti ; 2. Ser Giovanni ; 3. Ser
Cambi ; 4. Acquettino ; 5. Chaucer ; 6. Masuccio
von Salerno ; 7. Arienti ; 8. Sermini ; 9. Cent Nouvelles nouvelle ; 10. Poggio Bracciolini. — II. NA-
CHAHMER DES DECAMERON IM 16'. JAHRHUNDERT :
1. Machiavelli ; 2. Firenzuola ; 3. Aretino ; 4. Grazzini ; 5. Doni ; 6. Salvucci ; 7. Vettori ; 8. Alaman-
ni ; 9. Fortini ; 10. Bargagli ; 11. Nelli ; 12. Granucci ; 13. Bandello ; 14. Mori. — III. DAS SECHZEHNTE
JAHRHUNDERT (FORTSETZUNG) : 1. Giraldi ; 2, Parabosco ; 3. Erizzo ; 4. Straparola ; 5. Morlini ; 6. Fa-
brizio ; 7. Brevio ; 8. Die Königin von Navarra ; 9.
Sansovino. — IV. NACHAHMER DES DECAMERON IM
17. UND 18. JAHRHUNDERT : 1. Loredano ; 2. Sagre-
do ; 3. Magalotti ; 4. Basile ; 5. Bisaccioni ; 6. Accademici incogniti ; 7. Dryden ; 8. Lafontaine ; 9. Ga-
sparo Gozzi ; 10. Carlo Gozzi ; 11. Argelati ; 12. Ca-
sti ; 13. Bandiera. — V. NACHTRÄGE UND VERBES-
SERUNGEN ZU DEN " QUELLEN DES DECAMERON „].
**238**

1875. Nota di soscrizioni per il monumento a Giovanni Boccacci in Certaldo. — *Poggibonsi,* 1875, in-8.
**239**

1875. **Papanti Giovanni,** I parlari italiani in Certaldo alla festa del V centenario di messer Giovanni
Boccaccio: omaggio. — *Livorno,* 1875, in-8.

Contiene: *Vita di M. Giovanni Boccacci* scritta da Filippo Villani (il testo volgare). — Novella IX della giornata prima del *Decameron*. — Antichi testi salviateschi con note. — Saggi moderni: parte I. Regno d'Italia; Saggi moderni: parte II. Parlari italiani di popolazioni non facienti parte del Regno; Saggi moderni: parte III. Linguaggi stranieri parlati in Italia. — Saggi neo-latini — Parlate Savojarde.                    **240**

1875. **Zambrini Fr.** e **Bacchi della Lega A.**, Bibliografia boccaccesca: serie delle edizioni delle opere di Giovanni Boccacci latine, volgari, tradotte e trasformate. — *Bologna, Romagnoli*, 1875, in-8.

Vedi altre aggiunte in *Propugnatore* IX (1876) p. 286.                    **241**

1875. **Narducci Enrico**, Giunta alla Bibliografia Boccaccesca del BACCHI DELLA LEGA.

In *Il Buonarroti*, serie II, anno X (1875), p. 377.                    **242**

1875-83. Chaucer's Troylus and Cryseyde (from the Harl, ms. 3943) compared with Boccaccio 's " Filostrato „ translated by **William Michael Rossetti**. — *London, published for the Chaucer Society W. Trübner*, parte I (1875), parte II (1883).    **243**

1876. **Bartoli Adolfo**, I precursori del Boccaccio e alcune delle sue fonti. Studio ecc. — *Firenze, Sansoni*, 1876, in-8.                    **244**

1876. **Canini Fabio**, Boccaccio nel suo tempo. Studio. *Firenze, tip. Cooperativa*, 1876, in-8.                    **245**

1876. **Cappelletti Licurgo**, Commento sopra la IX novella della quinta giornata del Decamerone. — *Bologna, tip. Fava e Garagnani*, 1876, in-8.

Estr. dal *Propugnatore*, vol. X, parte I.    **246**

1876. **Davitti Carlo**, A Giovanni Boccaccio, canto letto a Certaldo in occasione del V Centenario. — *Firenze, tip. Rebagli*, 1876, in-8. **246** bis

1876. **Gaiter Luigi**, I parlari italiani in Certaldo alla festa del V Centenario di Boccaccio per Giovanni Papanti.

In *Propugnatore*, vol. IX (1876), parte I, p. 471. **247**

1876. **Hortis Attilio**, M. T. Cicerone nelle opere del Petrarca e del Boccaccio; ricerche intorno alla storia della erudizione classica nel medio evo, con lettere inedite di Matteo d'Orgiano e di Coluccio Salutati a Pasquino de Capellis. — *Trieste*, 1876, in-8. **248**

1876. **Lombardi Antonio**, Lezioni sopra il "Decamerone „.

Nella *Rivista internazionale* di Firenze, 1876. **249**

1876. **Lützelberger E. K. J.**, Hans Sachs sein Leben und seine Dichtung. Eine Festgabe zur Errichtung des Denkmals in Nürnberg am 24 Jun. 1874. — (seconda edizione) *Nürnberg*, 1876.

La prima edizione è del 1874.

Per H. Sachs e il Boccaccio. **249** bis

1876. **Martini Felice**, L'Ameto di messer Giovanni Boccaccio. — *Parma, Battei*, 1876, in-8.

Estr. dalla *Rivista europea*, anno IV (1876), vol. VII, p. 221 e segg. **250**

1876. **Mestica Giovanni**, Istituzioni di Letteratura, 2 volumi. — *Firenze, Barbèra*, 1876.

Vedi a p. 395 e segg. (*Dei novellieri italiani*) ciò che dice del Boccaccio. **251**

1876. **Petzholdt Julius**, Zur Italienischen Festliteratur der Centenarien der Jahr. 1874, 1875 u. 1876.

In *Neuer Anzeiger für Bibliogr. und Bibliothck.* — *Jahrg*, 1876 e 1877.

Pubblicazioni in occasione del centenario del Boccaccio. **252**

1876. **Rajna Pio,** Le fonti dell'"Orlando Furioso" ricerche e studî. — In *Firenze, G. C. Sansoni editore,* 1876, in-8.

La seconda edizione corretta e accresciuta è del 1900; e a questa si deve ricorrere (che porta un *Indice di fonti e riscontri*) per i rapporti tra l'Ariosto e il Boccaccio. [*Decamerone,* II, 7; II, 9; III, 7; III, 10; IV, 4; IV, 5; V, 6; V, 8; V, 9; X, 3; X, 8. — *Filostrato - Fiammetta - Filocolo - Teseide - Amorosa Visione - De Genealogia deorum - De claris mulieribus.*]. **252** bis

1876. **Stecher J.,** Le cinquième centenaire de Boccace. In *Revue Belg,* XXIII (1876). **253**

1876. **Wesselofsky Alessandro,** Joannis Boccaccii ad Maghinardum de Cavalcantibus epistolae tres. — *S. Petersburg,* 1876, in-8. **254**

1877. **Cappelletti Licurgo,** La novella di Guido Cavalcanti.

In *Propugnatore,* vol. X (1877), p. 17.
Per il *Decameron,* VI, 9. **255**

1877. **Castagnola P. Emilio,** Francesco Petrarca e Giovanni Boccaccio; considerazioni. — *Assisi, succ. allo Stab. Sgariglia,* 1877, in-8. **256**

1877. **Corazzini Francesco,** Le lettere edite e inedite di G. Boccaccio. — *Firenze, Sansoni,* 1877, in-8.

Cfr. recensione di M. Creighton in *Academy,* I (1878), p. 570.

Vedi l'Introduzione (pp. VII-XCVIII): Della patria, dei parenti, della condizione della famiglia di M. G. Boccaccio. — De' suoi primi anni. — Del suo innamoramento e delle sue prime opere. —

Della sua relazione col Petrarca. — Relazione col-
l'Acciaiuoli e col Nelli. — Ambascerie. — Come
a lui si debba il risorgimento delle Lettere greche.
— Commenta pubblicamente la Divina Commedia.
— Ritratto di M. G. Boccaccio. — Esame critico
delle lettere sue. — Ordine dato alle Lettere. —
Lettere di lui perdute. — Dello stile e della lingua delle Lettere. — Del contenuto delle Lettere.
— Autografi. — Dei ritratti di M. G. Boccaccio.
— Appendice I. Documenti. — Appendice II. Bibliografia di alcuni scrittori della vita di M. G. Boccaccio. — Appendice III. Bibliografia delle Lettere
italiane e latine].                                    **257**

1877. **Feuerlein Emil,** Petrarka und Boccaccio.
   In *Historische Zeitschrift,* nuova serie, vol. II
   (1877), pp. 193-250.                                 **258**

1877. **Hortis Attilio,** Cenni di Giovanni Boccaccio intorno a Tito Livio. — *Trieste,* 1877, in-8.        **259**

1877. **Hortis Attilio,** Accenni alle scienze naturali nelle opere di Giovanni Boccaccio, e più particolarmente nel libro *de Montibus.* — *Trieste,* 1877,
   in-8.                                                **260**

1877. **Hortis Attilio,** Indice degli autori consultati dal
   Boccaccio per compilare il libro *de Montibus.*
   Pubblicato insieme con gli *Accenni* citati sopra,
   p. 67 e segg. Comparve dapprima nel *Bullettino
   pubblic. della Soc. Adriatica di scienze naturali,*
   anno III, p. 62 e segg.                              **261**

1877. **Hortis Attilio,** Le donne famose descritte da
   Giovanni Boccaccio. Studio. — *Trieste, Caprin*
   1877, in-4.                                          **262**

1877. **Koch Johann,** Ein Beitrag zur Kritik Chaucer's.
   In *Englische Studien* vol. I (1877), pp. 249-293.
   Per i rapporti di Chaucer col Boccaccio, specie
   per quanto spetta alla *Teseide.*              **262** bis

1877. **Landau M.**, Giovanni Boccaccio; sein Leben und seine Werke. — *Stuttgart*, 1877, in-8.
1. Familie, Geburt, erste Jugend. — 2. Neapolitanische Staats-und Hosgeschichten. — 3. Liebes - und Studienleben in Neapel. Lyrische Gedichte. — 4. Jugendwerke: 1° *Filocopo*; 2° *Ameto*; 3° *Amorosa visione*. — 5. Epische Dichtungen: 1° *Theseide;* 2° *Filostrato*. — 6. Vorbereitungen zum Decameron: 1° *Ninfale Fiesolano;* 2° *Fiammetta*. — 7. Aufenthalt in Florenz, Beziehungen zu Dante und Petrarca. — 8. Das Decameron und seine Schicksale. — 9. Politische Thätigkeit. — 10. Uebergang zur wissenschaftlichen Thätigkeit: 1° *Corbaccio;* 2° *Biographie Dante 's;* 3° *Eklogen*. — 11. Archäologisch-mythologische Werke. — 12 Boccaccio 's Bekehrung. Historische Werke. *De casibus virorum illustrium*. — 13. Boccaccio 's lekte Lebensjahre. Commentar zur göttlichen Komödie. *Anhang*. Zweiselhaste und unächte Werke: 1° *Urbano;* 2° *Caccia di Diana;* 3° *Ruffianella;* 4° *Passione di Cristo;* 5° *Notizbuch* (herausgegeben von S. Ciampi); 6° *Epistel an Franz Nelli;* 7° *Dialogo d'amore;* 8° *Chiose di Dante;* 9° *Compendium der römischen Geschichte:* 10° *Uebersekung der dritten Dekade des Livius;* 11° *Geta und Birria*. **263**

1877. **Narducci Enrico**, Di un catalogo generale dei manoscritti e dei libri a stampa delle biblioteche governative d'Italia. Proposta al signor Ministro della Pubblica Istruzione, nella quale si dà per saggio l'articolo " Boccaccio (Giovanni) „. — *Roma, coi tipi delle scienze matematiche e fisiche*, 1877. **264**

1877. **Rajna Pio**, La leggenda boccaccesca del Saladino e di Messer Torello.
In *Romania*, VI (1877) p. 359 e segg.
Si tratta del *Decameron* X, 9. **265**

1877. **Tribolati Felice,** Diporti letterarii sul "Decamerone „ del Boccaccio. Terza edizione. — *Pisa,
Nistri,* 1877, in-8.

> C' è un diporto che non si trova nelle prece-
denti edizioni. **266**

1877. **Urbani De Gheltof D.,** Ultimi anni di Francesco Petrarca (1370-74). Padova, Arquà, il "Canzoniere „. — *Venezia, tip. Emiliana,* 1877.

> Per le ultime relazioni del Boccaccio col Petrarca.
**267**

1878. [BOCCACCIO GIOVANNI] Trentadue novelle, nuovamente scelte, ordinate ed esposte dal prof. **G. Bozzo** per le tre scuole superiori dei ginnasi e pei licei.
— *Palermo, tipi del "Giornale di Sicilia „,* 1878,
in-16. **267** bis

1878. **Buet Ch.,** La Papesse Jeanne. Reponse a M.
Rhoidis. — *Paris,* 1878, in-16. **268**

1878. **Corradi A.,** Escursioni di un medico nel "Decamerone „.

> In *Atti del R. Istituto Lombardo,* vol. XIV-V,
della serie terza (Scienze matem. e naturali).
**268** bis

1878. **Paris Gaston,** Le lai de l'Épervier.

> In *Romania,* 1878, p. 9 e segg.
> Per la diffusione del motivo del *Decameron,*
VII, 6. **269**

1878. [BOCCACCIO GIOVANNI] La passione di N. S. Gesù
Cristo, poema pubblicato per cura del cav. ab. **L.
Razzolini,** sopra un codice proprio del sec. XIV.
— *Bologna, tip. Romagnoli,* 1878. in-16. (*Scelta di
curiosità letter. ined. e rare dal sec. XIII al XVII
in appendice alla Collez. di opere ined. e rare;*
dispensa CLXII). **270**

1878. **Cappelletti Licurgo,** Il *Pater nostro* di San
Giuliano: commento sulla II novella della se-

conda " giornata del Decamerone." — *Bologna,
tip. Fava e Garagnani*, 1878, ni-8.

Estr. dal *Propugnatore* vol. XII. Cito qui, essendo senza *n. tip.* il lavoro di FELICE TRIBOLATI,
Il *Pater nostro* di Sangiuliano: diporto sulla novella II della seconda giornata del *Decamerone*
n. 8.                                                        **271**

1878. **D'Ancona Alessandro,** La poesia popolare italiana. — *Livorno*, 1878, in-16.

Vedi ora la seconda edizione (1906).

Per la *Visione di Venus*, poemetto in ottava rima già attribuito al Boccaccio.                  **272**

1878. **Hegel Carl,** Über den historischen Werth der
älteren Dante-Commentare, mit einem Anhang zur
Dino-Frage. — *Leipzig, Verlag von S. Hirzel*, 1878,
in-8.

A p. 29 e segg. *Il Commento di Giovanni Boccaccio,* per cura di Gaetano Milanesi, vol. I-II. —
*Firenze*, 1863; A p. 35 e segg.: *Chiose sopra Dante.* (Testo inedito). — *Firenze, Piatti*, 1846 (gleich-
falls von dem verdienten Dantefreund Lord Vernon
auf seine Kosten herausgegeben). [Il così detto *fal-
so Boccaccio*]. — Vedi anche il § 9 per i rapporti
tra il Boccaccio e Benvenuto da Imola, e i capitoli
seguenti per il Boccaccio e i commentatori poste-
riori.                                                       **272 bis**

1878. **Invernizzi G.,** Storia letteraria d'Italia. Il Risorgimento. Parte prima: il secolo XV. — *Milano,
Vallardi*, 1878, in-8.

Per il Boccaccio umanista.                        **273**

1878. **Koch Johann,** Essayes on Chaucer. — 1878.

Vedi le pp. 357-417 per Chaucer e Boccaccio.
                                                             **273 bis**

1878. **Koerting Gustavo,** Petrarca's Leben und Werke. — *Leipzig*, 1878. [Vol. I della "Geschichte der
Litteratur Italiens im Zeitalter der Renaissance"].

— 49 —

Per il Petrarca e il Boccaccio vedi i cap. V
(p. 253 e segg.) e VII (p. 360 e p. 445 e segg.)
**274**

1878. **Passano G. B.**, I novellieri italiani in prosa. —
*Torino, Paravia*, 1878, in-8.
Per le edizioni del *Decameron*. **275**

1878. **Papanti Giovanni**, G. B. Passano e i suoi novellieri italiani in prosa, indicati e descritti, Note
a suppl. dell'opera stessa, aggiuntevi una novella
inedita di L. MAGALOTTI e varie altre sia in prosa
che in verso. — *Livorno, Vigo*, 1878, in-8. **276**

1878. **Rajna Pio**, Il cantare dei cantari e il Sirventese
del Maestro di tutte le Arti.
In *Zeitschrift für romanische Philologie*, 1878,
p. 220 e segg.
A p. 227-229, parla del poemetto la *Passione di
Cristo*, già attribuito al Boccaccio. **277**

1878. **Uccelli P. A.**, V. Marziale commentato da Giovanni Boccaccio.
Nella *Rivista europea*, anno IX (1878), nuova
serie, vol. V, p. 460 e segg. **278**

1879. **Bartoli Adolfo**, Il "Decamerone„ nelle sue attinenze colla novellistica europea.
In *Rivista europea*, anno X (1879) nuova serie,
vol. XIV, pp. 221-248, 421-50 e vol. XV, pp. 460-72.
**279**

1879. **Biagi Guido**, La rassettatura del "Decamero-
ne„.
Nei *Nuovi Goliardi*. — *Firenze, tipi dell'Arte
della Stampa*, 1879. Ripubblicato negli *Aneddoti
letterari*. — *Milano, Treves*, 1887, p. 282. **280**

1879. **Boccacci Giovanni**, La vita di Socrate. — *Imola,
tip. Galeati*, 1879, in-16. [Nozze Berti-Stefani]. **281**

1879. **Cappelletti Licurgo,** Madonna Beritola, commento sulla VI novella della seconda giornata del " Decamerone ".

In *Propugnatore*, tomo XII (1879), parte I, p. 62 e segg. **282**

1879. **Cappelletti Licurgo,** La Lisa e il re Pietro d'Aragona, commento sulla VII novella della decima giornata del " Decamerone ".

In *Propugnatore*, tomo XII (1879) parte II, p. 108 e segg. **283**

1879. **Cappelletti Licurgo,** Andreuccio da Perugia: commento sopra la V novella della seconda giornata del "Decamerone ". — *Firenze, tip della Gazzetta d' Italia*, 1879, in-8. **284**

1879. Cenni storici intorno la vita di Giovanni Boccaccio, con iscrizioni e monumenti e suo testamento latino tradotto in italiano e notizie del paese di Certaldo. — *Firenze, tip. SS. Concezione*, 1879, in-8.

Vedi a p. 16 la leggenda del *poggio* del Boccaccio. **285**

1879. **De Sanctis Francesco,** Storia della letteratura italiana, vol. 1. — *Napoli, Morano*, 1879, in-8.

A pp. 287-357: *Il Decamerone*. **286**

1879. **Gaspary Adolfo,** "Filocolo " oder "Filocopo ".

In *Zeitschrift für romanische Philologie*, III (1879), p. 395. **287**

1879. **Giozza P. G.,** Il sorriso di Beatrice, curiose indagini su Dante. — *Cremona*, 1879, in-8.

A p. 117 accennasi al carattere dell'amore del Boccaccio. **287 bis**

1879. **Hortis Attilio,** Studj sulle opere latine di Giov. Boccaccio con particolare riguardo alla storia dell'erudizione nel medioevo e alle letterature stra-

niere; aggiuntavi la bibliografia delle edizioni. —
*Trieste, Libreria Dase,* 1879, in-4.

(Recensione di C. Bursian nei suoi *Jahresbe-
richte,* XI (1879) p. 62 e segg. e XIX (1880) p. 360 e
segg., e di F. R(ühl) in *Literarisches Centralblatt,*
1880 p. 1791).

Ecco l'indicazione dei capitoli, escluse le appendici : [Le Egloghe; Il Libro delle donne celebri;
Il Libro dei casi degli uomini illustri; Le Genea-
logie degli dei; Il Dizionario geografico; Lettere,
carmi ed altri scritti minori; Degli autori consultati dal Boccaccio per le opere latine; I traduttori
delle opere latine del Boccaccio; Catalogo bibliografico delle edizioni delle opere latine del Boccaccio
e delle loro versioni; Opere apocrife; Edizioni citate da altri bibliografi; Indice di alcuui codici
delle opere latine del Boccaccio e delle loro versioni; Versioni latine di due novelle del *Decameron*]. — A quest'opera capitale rimandiamo, in
modo più particolareggiato, nell'*Indice delle materie.* **288**

1879. **Hortis Attilio,** Virginio della Forza, storico udi-
nese, e una novella del " Decamerone „.
In *Archeografo Triestino,* vol. V, fasc. III (1879).
Per *Decameron,* X, 5. **289**

1879. **Hortis Attilio,** Seneca, Petrarca e Boccaccio.
In *Archeografo Triestino,* vol. VI (1879), p. 267
e segg. **290**

1879. **Hortis Attilio,** Per l'inaugurazione del monumento a Giovanni Boccaccio [a Certaldo]. — *Firenze, Carnesecchi,* 1879, in-8. **291**

1879. **Michelangeli L. A.,** A Giovanni Boccacci. Sa-
lutazione. — In *Bologna, presso N. Zanichelli,*
1879, edizione elzeviriana. **292**

1879. **Renier Rodolfo,** La " Vita nuova „ e la " Fiammetta „. (Studio critico). — *Torino, Loescher*, 1879,
in-8.
Vedi il capitolo III (pp. 517-341): *L'Amore del
Boccaccio.*  **293**

1879. Ricordo della inaugurazione del monumento a Boccaccio in Certaldo. — *Firenze, Pieri*, 1879, in-8.
Con ritratto e due tavole.  **294**

1879. **Zumbini Bonaventura,** Il " Filocopo „ del Boc-
caccio. — *Firenze, Le Monnier,* 1879, in-8.
Comparve prima nei vol. XLVIII e XLIX della
*Nuova Antologia.*  **295**

1879. **Witte J. H. F.,** Doppio testo della " Vita di
Dante „ del Boccaccio.
In *Dante-Forschungen* Altes und Neues. — *Heil-
bronn*, vol. II, 1879, p. 87 e segg. L'articolo risale
però al 1877.  **296**

1880. **Antona-Traversi Camillo,** Della patria di Giovanni Boccaccio; risposta al dott. Gustavo Koerting, professore nella regia accademia di Münster.
In *Giornale Napoletano di filosofia e lettere,*
nuova serie, vol. V, pag. 77.  **297**

1880. **Antona-Traversi Camillo,** Della patria del
Boccaccio.
Nel *Fanfulla della Domenica*, II (1880), n. 23.
**298**

1880. **Bartoli Adolfo,** Il " Decamerone „.
Nei *Primi due secoli della letteratura italiana.*
— *Milano*, 1880, p. 564.  **299**

1880. **Bartoli Adolfo,** Le opere minori del Boccaccio.
Nei *Primi due secoli* citati, p. 555.  **300**

1880. [GIOVANNI BOCCACCIO] Ammonizioni del Re Felice di Spagna al suo figliuolo. — *Imola, Galeati,*
1880. [Nozze Zambrini-Mazzoni].
Sono estratte dal *Filocolo* del Boccaccio.  **301**

1881. **Antona-Traversi Camillo,** Il Boccaccio in Napoli presente all'esame di Francesco Petrarca — *Ancona, Sarzani,* 1881, in-8. **309**

1881. **Antona-Traversi Camillo,** Raffronto tra la peste di Tucidide, di Lucrezio e di Giovanni Boccaccio.

In *Propugnatore,* vol. XIV (1881) parte I, p. 299 e segg. **310**

1881. **Antona-Traversi Camillo,** Della patria, della famiglia e della povertà di Giovanni Boccaccio: risposta a Francesco Corazzini.

In *Rivista europea,* anno XII (1881), vol. XXVII della nuova serie, p. 738 e segg. **311**

1881. Cinque racconti tolti dalle Chiose sopra Dante attribuite a GIOVANNI BOCCACCIO, con epigrafe di dedica all'avv. Ugo Chiellini. — *Livorno, Vigo,* 1881, in-16. [Nozze Trumpy-Corradini]. **312**

1881. **Fornaciari Raffaello,** Disegno storico della letteratura italiana dalle origini fino a' nostri tempi. Lezioni. Quarta edizione. — *Firenze, Sansoni,* 1881, in-8.

La prima edizione, che non varia, è del 1874. Lez. IV: F. Petrarca e G. Boccaccio; Il Boccaccio e sua vita; Opere minori in prosa e in verso; Le novelle; Arte e stile del Boccaccio. **313**

1881. **Montégut Émile,** Poètes et artistes de l'Italie. — *Paris,* 1881.

A p. 23 e segg. si parla della novella di Alatiel (*Decameron,* II, 7). **314**

1881. **Nencioni Enrico,** Rileggendo il "Decamerone„.

In *Fanfulla della Domenica,* anno III (1881), n. 4. **315**

1881. **Koerting G.,** Boccaccio-Analekten.

In *Zeitschrift für roman. Philologie,* V (1881),

pag. 209-232. Si tratta di: 1° *Boccaccio's Geburt-sort;* 2° *Boccaccio's Verhältniss zu Fiammetta.*

**316**

1881. **Simonsfeld Enrico**, Zur Boccaccio Literatur. Nelle *Sitzungsberichte der philosophische-philo-logischen Classe der K. Akademie der Wissen-schaften zu München,* I (1881), p. 1 e segg. **317**

1881. **Symonds John Addington**, Renaissance in Italy; Italian Literature. — *Londra, Smith, Elder A. C.,* 1881 in-8.
Per il Boccaccio e l'Umanesimo. **318**

1881. **Virgili F.**, Francesco Berni. — *Firenze,* 1881, in-8.
A p. 155 e segg. si parla della parte che il Berni pare abbia avuto nell'edizione del *Decame-ron* del 1527. **319**

1881-82. **Landau Marco**, Giovanni Boccaccio sua vita e sue opere. Traduzione italiana di CAMILLO AN-TONA-TRAVERSI, approvata e ampliata dall'autore, aggiuntovi prefazione e osservazioni critiche del traduttore, l'intiera bibliografia delle opere e delle lettere del Boccaccio, non che altri documenti e una larga esposizione dei più recenti lavori boc-cacceschi. — *In Napoli, Dalla Stamperia del Va-glio,* 1881-82, in-4.
Recensione in *Revue critique,* XV (1883), p. 364 e segg.
Vedi specialmente le note di questa traduzione rimasta poi interrotta al X cap. **320**

1181-83. **Scartazzini G. A.**, Le due redazioni della " Vita di Dante „ del Boccaccio.
In *Dante in Germania, storia letteraria e bi-bliografia dantesca alemanna,* Milano, 1881-83, in-8. Nella 2ª appendice del volume I. **321**

1882. **Antona-Traversi Camillo,** Senza titolo.

> In *Fanfulla della Domenica*, IV (1882), n. 5.
> Si tratta della frase del *Decameron*, giornata quarta, che si cerca di spiegare. **322**

1882. **Antona-Traversi Camillo,** Il Boccaccio calunniato.

> In *L'Opinione letteraria,* 12 gennaio 1882. **323**

1882. **Antona-Traversi Camillo,** Le prime amanti di messer Giovanni Boccaccio.

> In *Fanfulla della Domenica,* IV (1882), n. 19.
> **324**

1882. **Antona-Traversi Camillo,** Dell'amore di G. Boccaccio per Madonna Fiammetta secondo alcune idee del conte G. B. Baldelli.

> Nel *Preludio* di Ancona, VI (1882), p. 88 e segg. **325**

1882. Boccaccio Giovanni, Novelle annotate ad uso delle scuole classiche, precedute dalla biografia dell'autore ecc, a cura del prof. **Licurgo Cappelletti,** agggiuntavi la descrizione della pestilenza del 1348. — *Torino, G. B. Paravia e C. di F. Vigliardi,* 1882, in-16. **326**

1882. **Coen Achille,** Di una leggenda relativa alla nascita e alla gioventù di Carlo Magno.

> In *Archivio della Società Romana di storia patria,* V (1882), p. 33 e segg.
> Per l'*Urbano* attribuito al Boccaccio. **327**

1882. **Crescini Vincenzo,** Due studii riguardanti le opere minori del Boccaccio. — *Padova, Crescini,* 1882.

> 1º Il Cantare di Fiorio e Biancifiore ed il Filocolo; 2º La Lucia dell'*Amorosa Visione.* **328**

1882. **Dillaye Feder.,** Boccace et son influence sur nos conteurs.

Preposto alla versione francese del *Decameron* edita dal Lemerre a Parigi, 1882. **329**

1882. **Engel Eduard,** Geschichte der französischen Litteratur von ihren Anfängen bis auf die neuest Zeit. — *Leipzig*, 1882, in-8. [Vol. I della " Geschichte der Weltlitteratur in Einzeldarstellung „].

Per il Boccaccio e la letteratura francese vedi il cap. V (Fabliaux) e il cap. XI (Margherita di Navarra). **329 bis**

1882. **Gaiter L.,** Vocaboli e modi di dire dei dialetti siciliano e veronese riscontrati nel "Decamerone „.

In *Propugnatore* XV, (1882), parte I, p. 188 e segg. **330**

1882. **Geiger Ludwig,** Renaissance und Humanismus in Italien und Deutschland (Allgemeine Geschichte in Einzeldarstellungen.... herausgegeben von W. Oncken, II Hauptabteilung 8er Theil). — *Berlin*, 1882, in-8.

Per il Boccaccio e l'Umanesimo. Il contenuto è indicato più sotto, a proposito della traduzione italiana di quest'opera. **331**

1882. **Heinrich G.,** Boccaccio's Leben und Werke (in ungherese). — *Budapest*, 1882, in-8. **332**

1882. **Imbriani Vittorio,** I consigli di Salomone: paralipomeni alla IX novella della nona giornata del " Decamerone „.

In *Rivista europea*, anno XII (1882), nuova serie, vol. XXIII, p. 37 e segg. **333**

1882. **Koerting G.,** Boccaccio.

In *Literaturblatt für german. und roman. Philologie*, 1882, coll. 71-76. **334**

Si riferisce al *Boccaccio* del LANDAU, tradotto da C. ANTONA-TRAVERSI.

1882. **Mazzi Curzio,** La Congrega dei Rozzi di Siena, nel secolo XVI. — *Firenze*, 1882.

Per l'uso che in questa congrega si faceva del
Boccaccio.                                    **335**

1882. **Pinelli Giovanni,** La moralità nel " Decamerone „.

In *Propugnatore,* XV (1882), parte I, pp. 311-
324 e parte II, pp. 97-117.                   **336**

1882. **Scheffer-Boichorst P.,** Aus Dante's Verban-
nung. Literarhistorische Studien. — *Strassburg,*
1882.

A p. 70 e segg. parla del cosidetto *Compendio*
della Vita di Dante del Boccaccio.

Cfr. anche *Romania,* XII (1882), p. 410.

Per un plagio che il Boccaccio per la *Vita di
Dante* avrebbe commesso sulla lettera petrarchesca al fratello Gerardo, del 2 dicembre 1348. (Cfr.
anche dello Scheffer-Boichorst l'*op. cit.,* p. 195).
                                              **337**

1882. **Scheffer-Boichorst P.,** Petrarca und Boccaccio über die Entstehung der Dichtkunst.

In *Zeitschrift für roman. Philologie* VI (1882)
fasc. IV, p. 598 e segg.

Per i concetti sulla poesia e l'arte poetica. **338**

1882. The Hamilton Manuscripts.

In *The Bibliographer,* 13 dicembre 1882. Si de-
scrive anche un codice del *Decameron* del sec. XIV.
                                              **339**

1882. **Ticknor George,** History of Spanish Literature.
— *Boston,* 1882. Volumi 3.

L'originale (*Historia de la literatura española*)
è del 1851.

Vedi, alla fine del III volume, l'indice delle materie, per i rimandi interesssanti il Boccaccio:
[Fortuna dell'*Ameto, Filostrato, De Casibus* ecc.;
il Boccaccio e la *Comedieta de Ponza* del Marchese
Santillana; l'*Anzuelo de Fenisa* di Lope de Vega
e il *Decameron,* VII, 10 ecc.).        **339 bis**

1882. **Torraca Franceseo,** Il Boccaccio e i Novellieri francesi.

In *La Domenica letteraria,* I (1882), n. 24, 16 luglio. Si parla sfavorevolmente del citato scritto di F, Dillaye. **340**

1882-83. **Antona-Traversi Camillo,** Della realtà e della vera natura dell'amore di messer Giovanni Boccaccio per Madonna Fiammetta: risposta al dott. Gustavo Koerting.

In *Rivista europea,* anno XIII (1882), nuova serie, vol. XXIX, p. 561 e segg.; e anno XIV (1883), nuova serie, vol. XXXI, p. 1181 e segg. **341**

1883. **Aleardi Aleardo,** Messer Boccaccio.

Nel *Pungolo della Domenica,* I (1883), p. 37. **342**

1883. **Antona-Traversi Camillo,** Di una cronologia approssimativa delle rime del Boccaccio.

Nel *Preludio* di Ancona VII (1883), p. 2 e segg. **343**

1883. **Antona-Traversi Camillo,** La Lia dell' " Ameto „.

Nel *Giornale di filologia romanza,* 1883. **344**

1883. **Antona-Traversi Camillo,** Il " Corbaccio „ e il " Decamerone „.

Nel *Convivio,* anno I (1883), fasc. 5°. **345**

1883-84. **Antona-Traversi Camillo,** Della realtà dell'amore di messer Giovanni Boccaccio.

In *Propugnatore,* XVI (1883), pp. 57-92, 240-280, 387-417, e XVII (1884), p. 59 e segg. **346**

1883. **Ballerini G.,** Giovanni Boccaccio e le sue dottrine politiche.

In *Atti della società Filotecnica di Torino,* V. **347**

1883. [BOCCACCIO GIOVANNI] Francesca da Rimini; novella storica (editore C. I. Borgi). — *Livorno,* 1883. [Nozze Clerc-Ott].

Estratta dal *Comento*. **348**

1883. Rime di D. Alighieri, G. BOCCACCIO, G. Chiabrera, L. Magalotti, O. Rucellai, F. Baldinotti, E. Manfredi, G. Zanotti, C. Zampieri, P. Metastasio, tratte da manoscritti ed annotate da L. M. REZZI, pubblicate per la prima volta da **Gius. Cugnoni.** — *Imola, Galeati e figlio,* 1883. [Nozze Valentini-Cugnoni]. **349**

1883. **Borgognoni Adolfo,** La XLVIII novella del " Decameron „.

Nella *Domenica Letteraria,* III (1883), 13. **350**

1883. **Braunholz Eugen,** Die erste nichtchristliche Parabel des Barlaam und Josaphat, ihre Herkunft und Verbreitung. — *Halle, Karras,* 1883, in-8.

Per riscontri tra la novella I, giornata decima del *Decamerone* i cap. VI, VII, VIII, IX della *Vita di Barlaam*. **351**

1883. **D'Ancona Alessandro,** Alfred de Musset e l'Italia.

In *Varietà storiche e letterarie,* 1ª serie. — *Milano, Treves,* 1883. Vi si parla di relazioni tra il De Musset e l'opera del Boccaccio. **352**

1883. **Engel Eduard,** Geschichte der englischen Litteratur von ihren Anfängen bis auf die neueste Zeit, mit einem Anhange: Die amerikanische Litteratur. — *Leipzig,* 1888, in-8. [Vol. IV della " Geschichte der Weltlitteratur in Einzeldarstellung „].

Vedi le pp. 54-76, per Boccaccio e Chaucer, p. 133, per B. e Sackville, p. 263, per B. e John Dryden ecc. **352 bis**

1883. **Giardelli C.,** La morale nelle opere di Giovanni Boccaccio.

In *Convivio,* I (1883). **353**

1883. **Landau Marco**, La novella di messer Torello e le sue attinenze mitiche e leggendarie.

In *Giorn. stor. della letter. ital.*, II (1883), p. 52 e segg.

Per *Decameron*, X, 9.    **354**

1883. **Mango Francesco**, Delle rime di messer Giovanni Boccacci : studio critico. — *Bologna, Romagnoli*, 1883 in-8.

Estr. dal *Propugnatore*, anno XVI, disp. 2 e 3.
**355**

1883. **Narducci Enrico**, Intorno all'autenticità di un codice vaticano contenente il trattato di Boezio " De Consolatione philosophiae „ scritto di mano di Giovanni Boccaccio.

In *Atti della R. Accad. dei Lincei*, anno CCLXXX, serie 3ª; Memorie della *Classe di scienze morali, storiche e filologiche,* vol. VIII. — Roma, 1883, p. 243 e segg. Vi si parla anche della Biblioteca di San Spirito, dove furon deposti i libri del Boccaccio. Per il Boezio vedi pure DE NOLHAC, *La bibliothèque de Fulvio Orsini. — Paris,* 1887 (*Biblioth. de l'école des hautes études,* fasc. 74), pp. 74, 105, 237 e 305.    **356**

1883. **Paris Gaston**, La légende du Chatelain de Couci dans l'Inde.

In *Romania*, tomo XII (1883), p. 359 e segg. Racconto molto simile a quello della novella IX della giornata quarta.    **357**

1883. **Pinelli Giovanni**, Appunti sul " Corbaccio „ di Giovanni Boccaccio. — *Bologna, Romagnoli,* 1883, in-8.

Estratto dal *Propugnatore* XVI (1883) disp. 2ª e 3ª.    **358**

1883. **Renier Rodolfo**, Notizia sulla autenticità della " Fiammetta „.

In *Giorn. degli eruditi e curiosi* (Padova). Anno I (1883), nn. 23-24. **359**

1883. **Romani Felice,** Critica letteraria. Articoli raccolti e pubblicati a cura di sua moglie Emilia Branca, volumi due. — *Torino, Loescher,* 1883,
Vedi lo studio: *Opinione di Francesco Petrarca intorno a Dante.* **360**

1883. **Scartazzini G.,** Gli studi danteschi del professore Scheffer-Boichorst.
In *Giorn. stor. della letter. ital.,* I (1883), p. 260 e segg.
Per la *Vita di Dante* del Boccaccio. **361**

1883. **Sgulmero Pietro,** Sulla corografia del "Filocolo".
In *Rivista minima,* XIII (1883), p. 481 e segg. **362**

1883. **Vidal Bey,** Boccace et les docks et warrants.
In *Bulletin de l'Institut Égiptien* 1883.
A proposito della giornata ottava, novella X. **363**

1883. **Willshire William Hugues,** The master of the subjects in the " Bocace " of 1476.
In *Catalogue of early prints in the British Museum.* German and flemish school, vol. II, *London,* 1883, p. 113 e segg.
Si tratta dell'opera: *Le livre de la ruyne des nobles hommes et femmes* par Jehan Bocace de Certald, imprimé a Bruges, par Colard Mansion. Anno M.CCCCLXXVI, di cui il W. riproduce anche due illustrazioni. — Il Willshire cita a questo proposito pure un articolo del SOTZMANN in *Deutsches Kunstblätt,* sett. 13, 1851, n. 37, p. 294 e segg. **363 bis**

1883. **Yriarte C.,** Boccace et la légende.
Nel volume *Françoise de Rimini dans la légende et dans l'histoire. — Paris,* 1883, p. 66 e segg. **364**

1884. **Bartoli Adolfo,** Storia della letteratura italiana, vol. V. — *Firenze, Sansoni,* 1884.

Cfr. p. 308 e segg. per la *Vita di Dante* del Boccaccio e per l'autografo boccaccesco della Laurenziana. **365**

1884. **Biagi Guido,** " Il Decamerone „ giudicato da un contemporaneo.

In *Riv. critica della letteratura ital.,* I (1884), p. 61 e segg. **366**

1884. BOCCACCIO GIOVANNI, Vita di Dante con prefazione del prof. **G. L. Passerini.** — *Roma, Perino,* 1884, in-32. [*Biblioteca Nuova,* n. 34]. **367**

1884. Boccaccio, imitatore di Dante.

In *Il Bibliofilo,* V (agosto-settembre), p. 138.
**368**

1884. Testamento di Giovanni Boccaccio.

In *Miscellanea dantesca* edita da L. Frati. — Firenze, 1884 (n. 8 delle *Operette inedite o rare*); e già in *Vita di Dante Alighieri* s. l. e. a. (Parma? 1801?), in-8; e *Vita di Dante.* — *Milano,* 1823, in-16. **369**

1884. BOCCACCIO GIOVANNI, La caccia di Diana poemetto pubblicato da S. MORPURGO e O. ZENATTI [per Nozze Casini-Polsinelli]. — *Firenze, Carnesecchi,* 1884. **370**

1884. **Braggio C.,** Una novella del Boccacci tradotta da Bartolomeo Fazio.

In *Giorn. ligustico,* XI (1884), fasc. 9-10.
È la I della giornata decima, tratta da un codice strozziano della Nazionale di Firenze. **371**

1884. Canzonette popolari ricordate nel Decamerone.

In *Canzonette antiche.* — Firenze, Lib. di Dante, 1884, p. 123 e segg. (vol. X della *Collezione di Operette inedite o rare*). **372**

1884. **Cappelletti Licurgo**, Osservazioni storiche e letterarie e notizie sulle fonti del " Decamerone „ — *Bologna, tip. Fava e Garagnani*, 1884, in-8.
Già pubblicate nel *Propugnatore*.   **373**

1884. **Cappelli A. e Ferrari S.**, Rime edite ed inedite di Antonio Cammelli detto il Pistoia, per cura ecc. — *Livorno*, 1884, in-8.
Per la tragedia del Cammelli *La Panfila*, tratta dalla novella boccaccesca di Guiscardo e Ghismonda. (Vedi su questa tragedia, R. Renier in *Rivista stor. mantovana*, I (1885), p. 83 e segg., e G. S. Scipioni, in *Giorn. stor. d. letterat. ital.*, V (1885), p. 257).   **374**

1884. **Carducci Giosue**, Petrarca e Boccacci. — *Roma, Perino*, 1884, in-16.
Con questo titolo sono raccolti due scritti carducciani: 1° Presso la tomba di Francesco Petrarca in Arquà il XVIII luglio MDCCCLXXIV; 2° Ai Parentali di Giovanni Boccaccio in Certaldo XXI decembre MDCCCLXXV.   **375**

1884. **Cotte C.**, An old english version of the " Decamerone „.
In *The Athenaeum*, 1884, n. 2854.
Il traduttore sarebbe il Chaucer.   **376**

1884. **Crescini Vincenzo,** lucia non Lucia.
In *Giornale storico della letteratura italiana*, III (1884), p. 422.
Per l'*Amorosa Visione*.   **377**

1884. **De Nino Antonio**, Le tre Fiammette.
Nel volume *Briciole letterarie*. — *Lanciano, Carabba*, 1884, in-16, p. 266.   **378**

1884. **Falorsi Guido,** Appunti per lezioni di letteratura italiana. Il " Decamerone „.
In *Rassegna nazionale*, 1884, fasc. 71.   **379**

1884. **Fanfani Pietro,** Discorso sulla " Fiammetta „ di Giovanni Boccaccio.

Premesso all'edizione della *Fiammetta. — Firenze, Barbèra,* 1884.　　　　**380**

1884. **Ferrari Severino,** La Ruffianella. (Con molte parentesi).

In *Domenica letteraria,* III (1884), n. 14.　**381**

1884. **Finzi Giuseppe,** Lezioni di storia della letteratura italiana compilate ad uso dei licei, vol. I (2ª ediz.). — *Torino, Loescher,* 1884, in-8.

Vedi la parte relativa al Boccaccio.　　**382**

1884. **Beaulieu (von) Marconnay Karl Freiherrn,** Troilus und Gressida ("Il Filostrato „) Epische Dichtung von GIOV. BOCCACCIO. Zum ersten Male verdeutscht. — *Berlin, A. Hosmann et C.º* 1884.

Cfr. recensione un po' sfavorevole in *Literarisches Centralblatt,* (1884), n. 23; e con più benevolenza in *Deutsche Rundschau,* XI (1884-85), novembre fasc. 2º.　　　　**382** bis

1884. **Gaiter Luigi,** Sulla moralità di Giovanni Boccaccio.

Chiaccherata in *Ateneo,* XVI (1884), fasc. IX, p. 135 e segg.　　　　**383**

1884. **Herzog H.,** Die beiden Sagenkrèise von Flore und Blanschefleur. — *Vienna, Gerold,* 1884, in-8.

Estr. dalla *Germania,* fasc. II del 1884. **384**

1884. **Kellner L.,** Die Quellen Boccaccio's.

In *Allgemeine Zeitung,* 1884, n. 346. Sulla 2ª edizione dell'opera del Landau.　　**385**

1884. **Koerting Gustavo,** Die Anfänge der Renaissancelitteratur in Italien, Erstel Theil. — *Leipzig,* 1884, in-8. [È il 3º volume della "Geschichte der Litteratur Italiens im Zeitalter der Renaissance].

Vedi il cap. III (pp. 447-449): Boccaccio' s Stellung innerhalb seiner Zeit.　　**385** bis

1884. **Koerting Gustavo.** M. Landau, Die Quellen des Dekameron.

> In *Deutsche Literaturzeitung*, V (1884), n. 25.
>
> **386**

1884. **Landau Marco,** Die Quellen des "Dekameron „, zweite sehr vermehrte verbesserte Auflage. — *Stuttgard*, 1884, in-8.

> La prima edizione è di Vienna 1869.
>
> Gioverà riferire il titolo dei capitoli, trascurandone le suddivisioni analitiche, delle quali però viene tenuto conto nell' *Indice* delle materie: [1⁰ Einleitung; 2⁰ Orientalisches; 3⁰ Frankreich; 4⁰ Italien; 5⁰ Religiöse Bestandtheile der erzhählenden Literatur; 6⁰ Antikes; 7⁰ Historisches].   **387**

1884. **Leonhardt B.,** Zu Cymbelin.

> In *Anglia*, VII (1884), fasc. III.
>
> Contro S. Levy che riteneva (*Anglia*, VII, 120 e segg.) come una delle fonti del *Cymbelin* di Shakespeare la novella IX della Giornata II del "Decameron „.   **388**

1884. **Meyer G.,** Die Quellen des " Dekameron „.

> In *Neue freie Presse*,1884, 25 aprile. A proposito dell'opera del Landau.   **389**

1884. **Tobler Adolfo,** Li dis dou vrai aniel. Die Parabel von dem ächten Ringe, französische Dichtung des dreizehnten Jahrhunderts, 2ª ediz. — *Lipsia*, *S. Hirzel*, 1884, in-8.

> Per la novella terza della Giornata I   **390**

1884. **Zumbini Bonaventura,** Una storia d'amore e morte [" Il Ninfale Fiesolano „].

> In *Nuova Antologia*, XLIV (1884), 1⁰ marzo, pagina 5 e segg.   **391**

1885. **Antona-Traversi Camillo,** Notizie istoriche sull' " Amorosa Visione „.

In *Studii di filologia romanza*, I (1885), pp. 425-444. **392**

1885. **Boyer d'Agen A. J.**, La vocation de Boccace. In *Revue internationale*, II (1885), vol. VIII, fasc. 3° [Di nessun valore]. **393**

1885. **Cappelletti Licurgo**, Studi sul "Decamerone". — *Parma, Battei*, 1885, in-8 **394**

1885. **Crescini Vincenzo**, Idalagos ["Filocolo"]. In *Zeitschrift für roman. Philologie*, IX (1885) e X (1886). **395**

1885. **Finzi Giuseppe**, Sommario della storia della letteratura italiana compilato ad uso delle scuole secondarie. — *Torino, Loescher*, 1885. A pp. 34-38: Giovanni Boccaccio. **396**

1885. **Fornaciari Raffaello**, La letteratura italiana nei primi quattro secoli (XIII-XVI). Quadro sto rico. — *Firenze, Sansoni*,1885, in-8 A pp. 77-100 (Lez. V): Giovanni Boccaccio (1313-1375) — 2. Vita del Boccaccio — 2. Sua indole letteraria — 3-4. Opere giovanili, romanzesche e poetiche — 5. La *Fiammetta*. — 6-7. Il *Decamerone*. — 8 Il *Corbaccio*. — 9. La *Vita di Dante*, il *Commento alla Divina Commedia*, i trattati latini. — 10. Le *rime*, le *lettere*, le *eclogae*. — 11. Fama del Boccaccio. **397**

1885. **Fornaciari R.**, Disegno storico della letteratura italiana, dall'origine fino a' nostri tempi. Lezioni. 5ª ediz. — *Firenze, Sansoni*, 1885, in-8° Alla lezione 4ª: Francesco Petrarca e Giovanni Boccaccio. **398**

1885-88. **Gaspary Adolfo**, Geschichte der italienischen Literatur. I Band. — *Berlin, Oppenheim*, 1885 in-8; II Band, 1888. A p. 69 del vol. II Boccaccio. Per i diversi capitoli della trattazione vedi più sotto la traduzione italiana di Vittorio Rossi (*Torino, Loescher, 1891*).

**399**

1885. **Graf Arturo,** Il Boccaccio e la superstizione.

In *Nuova Antologia*, tomo XLIX (1885), p. 417 e segg.

Ripubblicato nel 1893 in *Miti, leggende e superstizioni del Medio Evo* (vol. II. *Torino, Loescher*, p. 169 e segg.), col titolo: *Fu superstizioso il Boccaccio ?*

Cfr. *Giorn. storico della letter. it.*, (1894), p. 250.

**400**

1885. **Mussafia Adolfo,** Il libro XV della "Genealogia Deorum „ del Boccaccio.

In *Antologia della nostra critica letteraria moderna* di L. MORANDI. — *Città di Castello, Lapi,* 1885.

**401**

1885. **Neri Achille,** Una lettera di Giuseppe Bianchini a D. M. Manni.

In *Giorn. storico della letter. it.*, VI (1885), pagine 305. Si riferisce a Ser Ciappelletto (*Decameron,* I, 1).

**402**

1885. **Paoli Cesare,** Documenti di ser Ciappelletto.

In *Giornale storico della letter. it.*, V (1885), p. 329. Per il *Decameron,* I, 1.

**403**

1885. **Paris Gaston,** La parabole des trois anneaux. Conférence faite à la société des etudes juives le 9 mai 1885.

Si riferisce alla terza novella della I Giornata.

**404**

1885. **Renier Rodolfo,** Il tipo estetico della donna nel Medioevo. Appunti ed osservazioni ecc. — *Ancona, A. G. Morelli,* 1885, in-8.

Vedi a pp. 110-111, per il Boccaccio e la donna.

**404 bis**

1885. **Romagnoli Giovanni**, Frate Tommaso Sardi
e il suo poema inedito dell' "Anima peregrina „.
Estr. dal *Propugnatore*, vol. XVIII (1885), pagine 289-333. Per relazioni e imitazioni boccaccesche
(*Amorosa visione*). **405**

1885. **Scherillo Michele**, Ninfe al fonte.
In *Fanfulla della Domenica*, VII (1885), n. 42.
Rassomiglianze di episodî dell'*Ameto* con quello
delle Metamorfosi, di Atteone che sorprende Diana
mentre si bagna. **406**

1885. **Termine Trigona Vincenzo**, Petrarca citta-
dino. Studio critico. — *Catania, N. Giannotta*,
1885, in-8.
Cfr. *Giorn. stor. della letter. it.*, VI (1885), p. 282
e segg.; *Studi storici* (1895), p. 469. Parlando della
*invidia* del Petrarca per Dante, si accenna anche
al Boccaccio. **407**

1885. The Ventisettana " Decameron „.
In *The Academy*, 1885, n. 728 . Per le contraf-
fazioni dell'edizione del 1729. **408**

1885. **Tobler Adolfo**, Proverbia que dicuntur super
natura feminarum.
In *Zeitschrift für roman. Philologie*, IX (1885),
p. 287 e segg.
Per il *Corbaccio* e la natura dell'antifemminismo
boccaccesco. **409**

1885. **Zingarelli Nicola**, La fonte classica di un episodio del "Filocolo „.
In *Romania*, XIV (1885) p. 432.
La fonte e l'episodio di Medea nella *Metamorfosi* d'Ovidio. **410**

1885. **Zumbini Bonaventura**, L'ingegno narrativo
del Boccaccio.
In *Antologia della nostra critica letteraria mo-*

*derna* di L. MORANDI. — *Città di Castello, Lapi,*
1885. **411**

1885. **Zumbini Bonaventura,** Gli affetti domestici del
Ninfale Fiesolano.

In *Antologia della nostra critica letteraria moderna* di L. MORANDI. — *Città di Castello, Lapi,*
1885. **412**

1885. **Zupitza Julius,** Die mittelenglischen Bearbeitungen der Erzälung Boccaccios von Ghismonda
und Guiscardo.

In *Vierteljahrsschrift für Kultur u. Litteratur
der Renaissance,* I (1885), fasc. 1.
Per *Decameron* IV, 1. **413**

1886. **Casini Tommaso,** Manuale di letteratura italiana ad uso dei licei. Vol. I. — *Firenze, Sansoni*
1886.

A pp. 73-127, vedi, per le illustrazioni, le novelle riportate del Boccaccio. **414**

1886. **Casini Tommaso,** Scongiuro e poesia.

In *Archivio per lo studio delle tradizioni popo-
lari,* V (1886), p. 560 e segg.
Si riferisce anche agli scongiuri che sono nel
*Decameron.* **415**

1886. **Crescini Vincenzo** e **Antona-Traversi Camillo** Notizie storiche sull' " Amorosa visione „.

In *Rivista critica della letter. it.,* III (1886),
n. 1 **416**

1886. **Di Pietro Salvatore,** Sui tre principali fat-
tori della lingua italiana, Dante, Petrarca, Boccaccio.

In *Propugnatore,* anno XIX (1886), parte II,
pp. 351-358.

Discorsi di poco valore sulle opere, in genere,
del Boccaccio e sull'importanza della sua prosa.
**417**

1886. **Gaspary Adolfo** e **Crescini Vincenzo,** L'Allegoria dell' " Ameto „.

> In *Literaturblatt für german. und roman. Philologie,* VII (1886). **418**

1886. **Graf Arturo,** Per la novella XII del " Decamerone „.

> In *Giorn. stor. della letter. it.,* VII (1886), p. 179-187. **419**

1886. Boccaccio Giovanni, La pistola in dialetto napoletano, con versione letterale, note e prefazione di **Roberto Guiscardi.** — *Napoli, tip. Pacilli,* 1886. **420**

1886. **Kukfuss M.,** Ueber das Boccaccio zugeschriebene kürzere Danteleben.

> In *Zeitschrift für romanische Philologie,* X (1886), p. 177 e segg.
> Per la *Vita di Dante* (Compendio). **421**

1886. **Pakscher Arthur,** Di un probabile autografo boccaccesco.

> In *Giorn. stor. della letter. it.,* VIII (1886), p. 364-373. **422**

1886. **Panzacchi Enrico,** " Vita Nuova „ e " Fiammetta „.

> (Recensione al libro di Rodolfo Renier, *La Vita nuova e la Fiammetta.* — *Torino,* 1879).
> Nel volume *Critica spicciola, a mezza macchia.* — *Roma,* 1886, in-8. **423**

1886. **Paur T.,** Ueber die Quellen der Lebensgeschichte Dante's. — *Görlitz,* 1886, in-8.

> Per la *Vita di Dante* del Boccaccio. **424**

1886. **Rossi A.,** Gli Asolani del Bembo.

> In *Propugnatore,* XIX (1886), fasc. 4-5.°
> Per la prosa del Boccaccio. **425**

1886. **Schuchardt Hugo,** Romanisches und Keltisches Gesammelte Aufsätze. — *Berlino, R. Oppenheim,* 1886, in-8.

Vedi l'articolo *Die Geschichte von der drei Ringen,* che interessa il *Decameron,* I, 3, e lo scritto sul Boccaccio e la novella italiana in genere, suggerito dall'operetta del Suppé, *Boccaccio.* **426**

1886. **Varnhagen H.,** Die Erzählung von der Wiege. In *Englische Studien,* IX (1886), fasc. 2°.

Per le fonti e la fortuna (Lafontaine, Langbein ecc.) del *Decameron* IX, 6. **426 bis**

1886. **Zumbini Bonaventura,** Le egloghe del Boccaccio.

In *Giorn. stor. della letter. it.,* VII (1886), p. 94 e segg. **427**

1887. **Bernières (de) Jean,** Boccace commentateur du Dante.

In *Revue politique et littéraire,* XL (1887), fascicolo dell'ottobre. **428**

1887. **Biadene Leandro,** Il codice berlinese del " Decameron „.

In *Giorn. stor. della lett. it.,* X (1887), p. 296 e segg. **429**

1887. [**Boccaccio Giovanni**], Una novella del " Decamerone „, saggio di un testo e comento nuovo col raffronto delle migliori edizioni a cura di SILVIO PELLINI. — *Torino, G. B. Paravia e C.,* 1887.

È la novella di Ser Ciappelletto. In fine la ristampa, dalla edizione Basileese del 1570, della traduzione latina di Olimpia Morata. **430**

1887. **Bonneau Alcide,** Curiosa, essais critiques de littérature ancienne ignorée ou mal connue. — *Paris, Liseux* éditeur, 1887, in-16.

App. 49-60: Le Décaméron de Boccace „. (A proposito della stampa della traduzione france-

se del Decameron, dovuta ad Antonio la Maçon
(1545)                                                                **431**

1887. **Casini Tommaso,** Giovanni Boccaccio.

Nel *Manuale stor. della letter. it. ad uso dei licei.* — *Firenze, Sansoni,* 1887, tomo III, p. 115.
                                                                        **432**

1887. **Cian Vittorio,** Il supposto incendio dei libri del
Boccaccio a Santo Spirito.

In *Giorn. stor. della letter. it.*, X (1887), p. 298
e segg.                                                              **433**

1887. **Crescini Vincenzo,** Contributo agli studi sul
Boccaccio, con documenti inediti. — *Torino, Loescher,* 1887, in-8.

[I. Natali di Giovanni Boccaccio. — II. Fanciullezza, giovinezza, studi, amori di G. Boccaccio. — III. Il *Filocolo* e l'amore del Boccaccio per
Fiammetta. — IV. L'*Ameto* e l'amore del Boccaccio
per Fiammetta. — V. L'*Amorosa visione* e l'amore
del Boccaccio per Fiammetta. Appendice al cap. V:
La presunta Lucia dell'*Amorosa Visione.* — VI. La
*Fiammetta* e l'amore del Boccaccio per Fiammetta.
— VII. Il *Canzoniere* boccaccesco e l'amore per
Fiammetta. — VIII. Il *Filostrato* e l'amore del Boc-
caccio per Fiammetta. — IX. La *Teseide* e l'a-
more del Boccaccio per Fiammetta. Appendice al
cap. IX: Appunti sulle fonti delle *Teseide.* — X.
Il *Ninfale fiesolano*, le due prime *Egloghe* della
Bucolica boccaccesca e l'amore per Fiammetta. —
XI. Fine dell'amore del Boccaccio per Fiammetta
(Documenti).                                                      **434**

1887. **De Blasiis G.,** Le case dei Principi Angioini.

In *Arch. storico per le provincie napoletane*,
XII (1887), p. 308 e segg.

Per la *Fiammetta* (Maria d'Aquino) e la sua fa-
miglia.                                                              **435**

1887. **Del Lungo Isidoro,** Sulla idealità femminile nella letteratura fiorentina da Dante al Boccaccio.

In *La rassegna nazionale*, anno IX (1887), vol. XXXVIII, p. 635 e segg. **436**

1887. **De Nolhac Pierre,** Les scholies inédites de Pétrarque sur Homère.

In *Revue de philologie, de littérature et d'histoire anciennes*, XI (1887), p. 97 e segg.

Per la traduzione di Omero e le relazioni del Boccaccio con Leonzio Pilato. (Cfr. anche *Literaturblatt für german. und roman. Philologie*, 1881, p. 25). **437**

1887. **Fenini Cesare,** Il triumvirato: Dante, Petrarca e Boccaccio.

Nella *Letteratura it.*, terza ediz. — *Milano, Hoepli*, 1887, in-8, §§ 4-5. **438**

1887. **Gaspary Adolfo,** Il supposto incendio dei libri del Boccaccio a Santo Spirito.

In *Giorn. stor. della letter. it.*, IX (1887), p. 457. **439**

1887. **Goldmann A.,** Drei italienische Handschriftenkataloge, s. XIII-XV.

In *Centralblatt für Bibliothekswesen*, IV (1887), fasc. 4⁰, p. 137 e segg.

C'è l'inventario della biblioteca di Santo Spirito, dove furono depositati i libri del Boccaccio. **440**

1887. **Gorra Egidio,** Testi inediti di storia trojana, preceduti da uno studio sulla leggenda trojana in Italia. — *Torino*, 1887.

A pag. 336 e segg. si parla delle fonti del *Filostrato*, del Boccaccio. **441**

1887. **Macri-Leone Francesco,** Il Zibaldone boccaccesco della Magliabechiana. — *Torino, tip. Bona*, 1887.

Estratto dal *Giorn. stor. della letter. it.*, X, (1887), fasc. 28-29. **442**

1887. **Minucci Del Rosso G.,** Il tragico ed il meraviglioso nel " Decamerone „.

In *La Rassegna Nazionale,* anno IX (1887), vol. XXXVI, p. 593 e segg.

Sulla quarta e decima giornata del Decameron.

**443**

1887. **Papa Pasquale,** Un capitolo delle " Definizioni „ di Jacomo Serminocci poeta senese del secolo XV. — *Firenze,* 1887 [Nozze Renier-Campostrini].

Diede nel sec. XV una traduzione in versi dell'episodio delle quistioni d'amore del *Filocolo.*

**444**

1887. **Piumati Alessandro,** La vita e le opere di Giovanni Boccaccio: notizie ad uso delle scuole secondarie. — *Torino, Paravia,* 1887. **445**

1887. **Seelisch A.,** Zur Sagen und Legenden Litteratur.

In *Zeitschrift für deutsche Philologie,* XIX (1887), p. 116.

Per due redazioni alquanto diverse di un racconto, che si trova pur nel *Decameron,* che si leggono nel libro di TH. WRIGHT, *A selection of latin Stories,* nn. III e LXXVIII. **446**

1887. **Tallarico C. Maria,** Storia della letteratura italiana ad uso delle scuole. Edizione riformata e in buona parte rifatta dall'autore. Vol. I. — *Napoli, D. Morano,* 1887.

Cap. IV (pp. 393-449): Il Boccaccio e la novella nel Trecento. — Vicende della vita del Boccaccio. — Il Boccaccio in Napoli: suo innamoramento. — L'uomo di studio e l'uomo galante di Castel Capuano. — Genesi delle sue opere a cominciare dal *Filocopo:* esposizione e critica di esso e di tutte le altre opere italiane così in prosa come in verso. —

Il Boccaccio restituitosi a Firenze: grande sua amicizia col Petrarca. — Il Boccaccio uomo politico. — Le opere latine: esposizione e critica. — Firenze istituisce una cattedra dantesca, ed il Boccaccio la tiene per il primo. — Sua morte. **447**

1887. **Tobler Adolfo,** Die Berliner Handschriften des " Decameron „. — *Berlino, Reichsdruckerei,* 1887.

Estratto dai *Sitzungsberichte der Kön-Preuss. Akademie der Wissenschaften zu Berlin,* XXV (1887). **448**

1887. **Zardo Antonio,** Il Petrarca e i Carraresi; studio. — *Milano, Hoepli,* 1887, in-8.

Al Cap. II, p. 41 e segg.: " Lettere (del Petrarca) al Boccaccio.... scritte da Padova nel 1362. Nel 1368 il Boccaccio fu in Padova col Petrarca. A qual anno si debba riferire la lettera del Boccaccio: *Ut te viderem „.* **449**

1888. **Boccaccio Giovanni,** Il "Ninfale fiesolano „ con prefazione di F. TORRACA. — *Livorno, Vigo,* 1888. **450**

1888. **Cecioni Giorgio,** La leggenda del cuore mangiato e tre antiche versioni in ottava rima di una novella del Boccaccio.

In *Rivista contemporanea,* I (1888), fasc. 9.

La novella è la prima della Giornata quarta; i rifacimenti sono quello noto del Benivieni, uno del codice Ashburnhamiano 1136 e un altro del ms. 210 della " Palatina „ di Firenze. **451**

1888. **Cochin Henry,** Boccace d'après ses oeuvres et les temoignages contemporains.

In *Revue des deux mondes,* 15 luglio 1888, pp. 373-413. **452**

1888. **Dallari Umberto,** Della vita e degli scritti di G. Sabadino degli Arienti.

In *Atti e Memorie della Deput. di storia patria per le prov. di Romagna*, serie 3ª, vol. VI (1888), p. 178 e segg.

Per l'imitazione del *Decameron* nelle novelle di Sabadino degli Arienti.                    **453**

1888. **De Nolhac Pierre,** Des études grecques de Pétrarque. — *Paris, imprimérie Nationale*, 1888. (Estratto dai *Comptes-rendus de l'Académie des Inscriptions et Belles lettres*, 1887).

Per un esemplare d'Omero (codice Par. lat. 788) inviato in prestito dal Boccaccio al Petrarca. **454**

1888. **Fornaciari Raffaello,** Novelle scelte di Giovanni Boccaccio. — *Firenze*, 1888.          **455**

1888. **Ferrari F.,** Contributo alla bibliografia boccaccesca.

In *Rivista delle biblioteche*, I (1888), p. 85 e segg. **456**

1888. **Frati Carlo,** Epistola inedita di Giovanni Boccaccio a Zanobi da Strada.

In *Propugnatore*, nuova serie, vol. I (1888). **457**

1888. **Gaspary Adolfo,** Ancora sulla lettera del Boccaccio a Francesco Nelli.

In *Giorn. stor. della letter. it.*, XII, (1888), p. 389 e segg.          **458**

1888. **Klette,** Beiträge zur Geschichte und Litteratur der Italienischen gelehrten Renaissance. — *Greifswald*, 1888.

Per il Boccaccio erudito.          **459**

1888. **Macrì-Leone Francesco,** Ancora sul Zibaldone Boccaccesco della Magliabechiana.

In *Giorn. stor. della letter. it.*, XI (1888), p. 298 e 479 e vol. XII, p. 312.          **460**

1888. **Macrì-Leone Francesco,** La " Vita di Dante " scritta da Giovanni Boccaccio. Testo critico con introduzione, note ed appendice. — *Firenze, Sansoni*, 1888. **461**

1888. **Mandalari Giannantonio,** Fra Barlaamo calabrese maestro del Petrarca. — *Roma, Verdesi*, 1888.

A p. 106 e segg. si parla dell'influenza di Barlaamo sul Boccaccio. **462**

1888. **Maurici A.,** I frati, le mogli e i mariti nel "Decamerone „.

Nel volume *Note critiche.* — *Palermo*, 1888. **463**

1888. **Mazzoni Guido,** Il "Corbaccino „ di Ser Lodovico Bartoli.

In *Propugnatore*, nuova serie, vol. I (1888), fasc. 5-6.

Dà il testo e promette la illustrazione del poemetto. **464**

1888. **Montégut Émile,** Sul genio di Rossini; la fidanzata del re del Garbo e il "Decamerone „ del Boccacci; sul genio del Tasso; saggi critici. Traduzione con note di Mario Puglisi Pico. — *Catania, Pansini*, 1888. **465**

1888. **Novati Francesco,** A proposito d'un preteso autografo Boccaccesco.

In *Giorn. stor. della letter. it.*, XI (1888), p. 290-294.

Si riferisce al codice 13 del Pluteo LXXVI della Biblioteca Laurenziana. **466**

1888. **Novati Francesco,** Istoria di Patroclo e d'Insidoria. — *Torino*, 1888.

Vedi a p. XXXVI e segg. per il "Filostrato „ del Boccaccio. Cfr. anche *Literaturblatt für german. und roman. Philologie*, 1889, p. 336. **467**

1888. Poemetti mitologici de' secoli XIV, XV, XVI, a cura di Francesco Torraca. — *Livorno*, 1888.

V'è compreso il *Ninfale fiesolano* del Boccaccio. **468**

1888. **Rua G.**, Novelle del Mambriano. — *Torino, Loescher*, 1888, in-8.
Per le imitazioni del *Decameron*. **469**

1888. **Scherillo Michele**, Arcadia di Jacopo Sannazaro, con note ed introduzione. — *Torino, Loescher*,
1888, in-8.
Per la dipendenza dall'*Ameto* del Boccaccio. **470**

1888. **Simonsfeld Enrico**, Intorno al Zibaldone boccaccesco della Magliabechiana : comunicazione.
In *Giorn. stor. della letter. it.*, XI (1888), p. 298
e segg. **471**

1888. **Simonsfeld Enrico**, Ancora del Zibaldone boccaccesco della Magliabechiana.
In *Giorn. stor. della letter. it.*, XII (1888), p. 312
e segg.
Replica all'articolo citato di F. Macrì-Leone, che
risponde ancora a pag. 313-314 dello stesso vol. XII.
**472**

1888. **Torraca Francesco**, La materia dell'Arcadia
del Sannazaro. — *Città di Castello, S. Lapi*, 1888.
Per la dipendenza dall'*Ameto* del Boccaccio. **473**

1888. **Voigt Giorgio**, Il risorgimento dell'antichità
classica, ovvero il primo secolo dell'Umanesimo,
traduzione italiana con prefazione e note del prof.
D. VALBUSA, arricchita di aggiunte e correzioni
inedite dell'autore. Vol. I. — *Firenze, Sansoni*,
1888.
A p. 161 e segg. si parla del Boccaccio: " Giovanni Boccaccio. Suo indirizzo letterario. Il Boccaccio e il Petrarca. Il Boccaccio e le sue opere
volgari. Il Boccaccio come erudito. Il libro delle
*Donne illustri*. Il libro *Della fine infelice degli
uomini illustri*. La *Genealogia degli dei*. Il libro

*Sui monti, sulle selve ecc.* Il Boccaccio e la letteratura greca. Leonzio Pilato. Il Boccaccio dotto collezionista. Il Boccaccio seguace e imitatore del Petrarca. Armonia tra la sua vita e la sua persona. Sua povertà e suo tentativo di entrare al servizio di Niccola Acciaiuoli. Filosofia della vita e vita pratica del Boccaccio.

L'edizione tedesca è del 1859 (*Berlino, Reimer*).

**474**

1888. **Westenholz (von) Federico,** Die Griseldis-Sage in der Literaturgeschichte. — *Heidelberg, K. Groos,* 1888.

Cfr. anche *Giorn. stor. della letter. it.,* XI, 263.
Per la *Griselda* e il Petrarca vedi anche E. GORRA, *Studi di critica letteraria.* — *Bologna, Zanichelli,* 1892. **475**

1889. **Albertazzi Adolfo,** I novellatori e le novellatrici del " Decamerone „.

In *Rassegna emiliana,* II (1889), p. 160 e segg.
**476**

1889. **Barbi Michele,** Degli studî di Vincenzo Borghini sopra la storia e la lingua di Firenze.

In *Propugnatore,* nuova serie, II, 5-7 (1889) p. 5 e segg.

Per la lingua e lo stile del *Decameron.* **477**

1889. **Crescini Vincenzo,** Il cantare di Fiorio e Biancifiore edito ed illustrato. Vol. I. — *Bologna, Romagnoli Dall'Acqua,* 1889 (Disp. 233ᵃ della *Scelta di curiosità letterarie*).

Per i riferimenti al *Filocolo.*

Cfr. però *Giorn. stor. della letter. it.,* XIV, (1889), p. 438 e segg. **478**

1889. **Faraglia N.,** Barbato di Sulmona e gli uomini di lettere della corte di Roberto d'Angiò.

In *Arch. storico it.*, serie V, vol. III (1889), p. 343 e segg.

Per gli amici e maestri del Boccaccio. **479**

1889. **Finzi G.** e **Valmaggi L.**, Tavole storico-bibliografiche della letteratura italiana. — *Torino, Loescher*, 1889, in-8.

A pp. 20-21, VIII, Giovanni Boccaccio. **480**

1889. **Frati C.** e **L.**, Indice delle carte di Pietro Bilancioni, contributo alla bibliografia delle rime volgari dei primi tre secoli.

In *Propugnatore*, nuova serie, vol. II (1889).

A pp. 284-286. Giovanni Boccaccio. Indice di sue rime. **481**

1889. **Hübner E.,** Bibliographie der Klassischen Alterthumswissenschaft; Grundriss zu Vorlesungen ueber die Geschichte und Encyklopaedie der Klassichen Philologie. Seconda edizione. — *Berlino*, 1889, in-8.

A p. 71 (§ 43), sotto il titolo: Giovanni Boccaccio, è data una breve lista di opere intorno al Certaldese. **482**

1889. **Kirner Giuseppe,** I dialogi ad Petrum Histrum di Leonardo Bruni. — *Livorno*, 1889.

Per la questione della preferenza dei tre poeti Dante, Petrarca e Boccaccio. **483**

1889. **Lamma Ernesto,** Il " Trionfo d'amore „ del Petrarca.

In *L'Ateneo veneto*, serie 13ª, vol. II (1889), p. 319 e segg.

Studia le relazioni con l'*Amorosa Visione* del Boccaccio. **484**

1889. **Levi A.**, Il " Corbaccio „ e la " Divina Commedia. — *Torino, Loescher*, 1889. **485**

1889. **Macri-Leone Francesco,** La lettera del Boccaccio a Messer Francesco Nelli priore de' SS. Apostoli.

In *Giorn. stor. della letter. it.,* XIII (1889), p. 282 e segg. **186**

1889. **Rosi Michele,** Saggio sui trattati d'amore del Cinquecento. — *Recanati,* 1889.

Per imitazioni del Boccaccio. **187**

1889. **Rossi-Casé L.,** Comparazione del commento al canto V dell' "Inferno " tra il Lana, il Boccaccio e Benvenuto.

A p. 178-206 del volume: *Di maestro Benvenuto da Imola, commentatore dantesco* (studio). — *Pergola,* 1889. **188**

1889. **Teza Emilio,** La parola " Decameron ".

In *Propugnatore,* nuova serie, II (1889), p. 31 e segg. Vedi anche l'articolo del Rajna, che citeremo, *L'episodio delle questioni d'amore nel Filocolo.* **189**

1889. **Wunderlich Herm.,** Steinhövel und das "Dekameron ".

In *Archiv. für das Studium der neueren Sprachen u. Litteraturen,* LXXXIII (1889), fasc. 1⁰-2⁰. Pubblicato in parte come tesi di laurea di Hadelberg. **490**

1890. **Boccace Jean,** Le "Décaméron ". Illustrations de JACQUES WAGREZ, traduction et notes de FRANCISQUE REYNARD. — *Paris,* 1890, (volumi 3).

Precede al I vol. (I-XI) una *Notice sur la vie et les oeuvres de Boccace* di **Fr.** Reynard. **491**

1890. **Cochin H.,** Boccace. Études italiennes. — *Paris, Librairie Plon,* 1890.

(Cfr. però *Giorn. stor della letter. it.,* XVI (1890), p. 406 e segg.)

Comparso già nella *Revue de deux mondes*, o ora ripubblicato con aggiunta di una nota (pp. 289-294) : *La date de la seconde visite de Boccace à Venise.*　　　**192**

1890. **Delisle L.**, Littérature latine et histoire du moyen âge. — *Paris*, 1890.

A p. 111, in un *Catalogue d' une librairie française du temps de Louis XII* (sec. XVI) si trovano due copie de *La pacience Grisélidis* e un *Jehan Bocace.*　　　**193**

1890. **Del Lungo Isidoro**, Beatrice nella vita e nella poesia del secolo XIII. — *Roma, tip. della Camera dei Deputati*, 1890.

Per la credibilità della *Vita di Dante* del Boccaccio. (Estr. dalla *Nuova Antologia*).

Ristampato poi a *Milano, Hoepli*, 1891.　**194**

1890. **Fracassetti Giuseppe**, In epistolas Francisci Petrarcae de rebus familiaribus et variis adnotationes.... opus postumum editum cura C. ANTONA-TRAVERSI et FHILIPPI RAFFAELLI. — *Fermo, Bacher*, 1890. in-16.

La prefazione di C. Antona-Traversi riguarda il Boccaccio e la conoscenza che della *Commedia* ebbe il Petrarca.

Vedi anche l' indice delle materie per i richiami al Boccaccio.　　　**495**

1890. La " Vita Nuova „ di Dante Alighieri, con prefazione su Beatrice di AURELIO GOTTI. — *Firenze*, 1890.

Per la credibilità della *Vita di Dante* del Boccaccio.　　　**196**

1890. **Hochart P.**, Boccace et Tacite.

In *Annales de la Faculté des lettres de Bordeaux*, 1890, fasc. 1°-3°.　　　**197**

1890. **Macri-Leone Francesco**, La politica di Giovanni Boccaccio.

In *Giorn. stor. della letter. it.*, XV (1890), p. 79 e segg. **498**

1890. **Moore Edward**, Dante and his early Biographers. — *Londra, Rivingtons*, 1890.

Vedi il cap. II: *The life or Lives attribued to Boccaccio*, pp. 4-57. **499**

1890. **Ohle R.**, Shakespeare 's Cymbeline und seine romanischen Vorläufer. — *Berlin*, 1890.

Per la novella IX della giornata seconda del *Decameron*. **499 bis**

1890. **Pigorini-Beri Caterina**, Beatrice e Fiammetta.

In *A Beatrice Portinari*, 1890, p. 53 e segg. **500**

1890. Poesie di mille autori intorno a Dante Alighieri raccolte ed ordinate cronologicamente con note storiche bibliografiche e biografiche da CARLO DEL BALZO, Vol. II. — *Roma, Forzani e C.*, tip. del Senato, editori, 1890.

Pubblica i versi dell'*Amorosa Visione* relativi a Dante (p. 63 e segg.); il sonetto: *Dante, se tu nel-l'amorosa spera* (p. 101); il carme che accompagnava la *Divina Commedia* al Petrarca, secondo la lezione vaticana e beccadelliana, con le osservazioni del Gandino; la lettera del Petrarca al Boccaccio (*Fam.*, XXI, 15); lo scritto del padre Ponta (*Qual sia il giudizio di messer Francesco Petrarca intorno alla " Comedia„ di Dante Alighieri, Pensieri* dal *Giorn. araldico*, tomo CXVIII) e quello del CARDUCCI (*Studi letterari*, p. 361 e segg.); la traduzione del carme del Boccaccio al Petrarca di Jacopo Dionisi (1806) e di FR. CORAZZINI (1874); gli argomenti in terza rima alla *Divina Commedia* (che crede probabilmente scritti dal Boccaccio, durante il tempo delle sue lezioni su Dante); il sonetto *Dante Alighieri son, Minerva*

*oscura* (p. 243) e quello in *morte del Petrarca*
(p. 253). **501**

1890. **Rua Giuseppe**, Intorno alle " Piacevoli notti „
dello Straparola.

In *Giorn. stor. della letter. it.*, XV, p. 111-151
e XVI, p. 218-283.

Per relazioni col *Decameron*. **502**

1890. **Rua Giuseppe**, Di alcuni rapporti fra le commedie e le novelle del Parabosco.

In *La Biblioteca delle scuole it.*, III (1890), pp.
38-40.

Per richiami al *Decameron*. **503**

1890. **Scartazzini G.**, Prolegomeni alla " Divina Com-
media„. Introduzione allo studio di Dante Alighieri
e delle sue opere. — *Lipsia, Brockhaus*, 1890.

Per la *Vita di Dante* del Boccaccio e la sua attendibilità. **504**

1891. **Albertazzi Adolfo**, Romanzieri e romanzi del
Cinquecento e del Seicento. — *Bologna, Zanichelli*,
1891, in-8.

Per imitazioni, reminiscenze e fortuna del *Decameron*, del *Filocolo* e delle altre narrazioni boccaccesche in prosa. (Imitazioni nel *Peregrino* di
Jac. Caviceo e nella *Filena* di Niccolò Franco).
**505**

1891. **Della Giovanna Ildebrando**, Il " Pecorone „
di ser Giovanni Fiorentino.

In *La biblioteca delle scuole it.*, III (1891), p.
228 e segg.

Per le ballate del *Decameron*. **506**

1891. **Develay Victor**, Lettres de Fr. Pétrarque à
Jean Boccace. — *Paris, Flammarion*, 1891, in-8.

Cfr. recensione di P. de Nolhac in *Revue critique d' hist. et de littérat.*, nuova serie, XXXIII,
pp. 109-110. **507**

1891. **Finzi Giuseppe,** La novella boccaccesca di Ser Ciappelletto.

In *La Biblioteca delle scuole it.,* III (1891), p. 105 e segg.

Per il *Decameron,* I, 1. **508**

1891. **Fioravanti A.,** Il "Saladino„ nelle leggende francesi e italiane del Medio Evo. (Appunti). — *Reggio Calabria,* 1891.

Per *Decameron,* X, 9. **509**

1891. **Flamini Francesco,** La lirica toscana del Rinascimento anteriore ai tempi del Magnifico. — *Pisa, Nistri,* 1891, in-8.

A p. 27 e segg., per la novella di Nastagio degli Onesti, (*Decameron,* V, 8), parafrasata in rima da Francesco di Bonanno Malecarni, per il *Certame Coronario.*

A p. 329, per la novella di Ghismonda (*Decameron,* IV, 1) parafrasata in parte da Francesco Accolti. **510**

1891. **Fornaciari Raffaello,** Disegno storico della letteratura italiana dalle origini fino a' nostri tempi. Sesta edizione interamente rifatta. — *Firenze, Sansoni,* 1891, in-8.

Al cap. VI, pp. 53-61: Giovanni Boccaccio. [1. Gioventù del Boccaccio. — 2. Romanzi o poemi. — 3. Vita fiorentina e conversione. — 4. Suo amore poi classici. — 5-6. Il *Decamerone.* — 7. Stile prosastico e poetico del Boccaccio]. **511**

1891. **Gaspary Adolfo,** Storia della letteratura italiana, tradotta dal tedesco da Vittorio Rossi, con aggiunte dell'autore. Vol. II. — *Torino, Loescher,* 1891, in-8.

Boccaccio. La giovinezza. Studi. L'innamoramento. Il *Filocolo.* Carattere del *Filocolo.* Le questioni amorose. Il *Filostrato.* Il Boccaccio e Benoît de Sainte-More. L'amore di Fiammetta.

La *Teseide*. L'ottava rima. Il *Ninfale fiesolano*.
Le egloghe latine. L'*Ameto*. L'allegoria dell'*A-*
*meto*. L'*Amorosa Visione*. L'*Amorosa Visione* e
la *Divina Commedia*. La mondanità del Boccaccio.
La sensualità nel Medio Evo. La lirica del Boccaccio. La *Fiammetta*. Difetti e pregî della *Fiam-*
*metta*. Il Boccaccio e la vita napoletana. Il *Cor-*
*baccio*. Nuovo indirizzo del pensiero boccaccesco.
Il Boccaccio ed il Petrarca. Studî greci. Il Boccaccio e la lingua volgare. Le opere latine. Il
*De Genealogiis deorum*. Il Boccaccio nella vita
pubblica. Viaggi. Il Boccaccio e Niccolò Acciaiuoli. Culto del Boccaccio per Dante. La *Vita*
*di Dante*. Valore della *Vita*. Il Boccaccio pub-
blico lettore di Dante. Il *Commento* a Dante. Le
teorie poetiche del Boccaccio e de' contemporanei.
Il *Decameron*. Il proemio e l'introduzione. Le
fonti delle novelle. La cornice delle novelle. Loro
carattere generale. Varietà dei racconti. Motti
arguti. Esempî di virtù straordinaria. La novella
di Griselda. Racconti di fatti straordinarî. La novella di Andreuccio da Perugia. La novella di
Alatiel. L'amore nelle novelle del *Decameron*.
La morale femminile nel *Decameron*. L'elemento tragico. Le scene ed i caratteri comici. Lo
stile del *Decameron*. Le facezie e le burle. La
oscenità. Gli ecclesiastici nel *Decameron*. La sa-
tira del Boccaccio contro i Preti. La religione
nel *Decameron*. La leggenda nella caccia infer-
nale. Jacopo Passavanti. La Novella di Nastagio degli Onesti. La visita del Ciani al Boccaccio.
La conversione e la morte. **512**

1891. **Geiger Lodovico,** Rinascimento e Umanismo in
Italia e in Germania. Traduzione italiana del professore Diego Valbusa. — *Milano*, 1891, in-8.

    Cap. V (pp. 61-92): Giovanni Boccaccio. [Gio-
ventù del Boccaccio. Fiammetta. Amore per Fiam-

metta. Primi scritti. *Filocopo*. *Ameto*. *Teseide*. *Filostrato*. *Fiammetta*. Politica. Il Boccaccio e il Petrarca. Il Boccaccio e Dante. De *Genealogia deorum*. Opere geografiche e storiche. Rapporti con l'antichità. *Decamerone*. Ultimi anni del Boccaccio]. — Cap. V (pp. 93-106): Contemporanei e successori del Petrarca e del Boccaccio. **513**

1891. **Hart George,** Die Pyramus und Thisbe-Sage in Holland, England, Italien und Spanien. — *Passau, Liesecke,* 1891.

Interessa questo racconto che si trova nel *De claris mulieribus* del Boccaccio. **514**

1891. **Hauvette H.,** Le professeur de grec de Pétrarque et de Boccace. — *Chartres,* 1891.

Parla di Leonzio Pilato. **515**

1891. **Omont H.,** Les manuscrits français des rois d'Angleterre au château de Richemond.

In *Études romanes dediés à Gaston Paris, le 23 déc. 1890 ... par ses élèves français et ses élèves étrangers des pays de langue française.* — Parigi, Bouillon, 1891, in-8. **516**

Per manoscritti del Boccaccio.

1891. **Previti Luigi,** La tradizione del pensiero italiano. — *Roma, Befani,* 1891, in-8.

Vedi il cap. V (La fine del triumvirato), pp. 76-87. [Giovanni Boccaccio alla scuola di Virgilio, di Orazio e di Dante. — Sue opere latine e sua inferiorità sul Petrarca. — Sua gloria, la prosa. — *Il Filocopo*. — Sconci gravissimi di questo racconto. — Donde abbia egli tratto la materia del *Filocopo*. Le Fiabe (Fabliaux). — Il *Decamerone*. — Le sue fonti. — Opinioni del Landau. — Parallelo tra alcune novelle del *Decamerone* ed alcune *Fiabe* francesi. — Il lato morale del *Decamerone*. — Condan-

nato dall'autore stesso. — Bellezze e difetti del
suo stile]. **517**

1891. **Rua Giuseppe,** Intorno al " Libro della origine
delli volgari proverbi „ di Aloise Cinzio dei Fabrizi.
In *Giorn. stor. della letter. it.*, XVIII (1891), pp.
76-103.

Reminiscenze boccaccesche del *Decameron, de
Casibus, de claris mulieribus.* **518**

1891. **Scartazzini G.,** Ein Kapitel aus dem Dante-
Roman. — *Bern,* 1891.

Estratto dalla *Schweizerische Rundschau.*

Per la lettera di Dante *Amico florentino* e il
Boccaccio, che, secondo lo Scartazzini, ne sarebbe il
falsificatore, e che si trova nel Laurenziano XXIX,
8, autografo del Boccaccio. **519**

1891. **Scott F. N.,** Boccaccio 's " De Genealogia Deorum „ and Sidney's " Apologia „.

In *Modern language notes*, VI (1891), fasc. 4°,
1° aprile. **520**

1891. **Vernarecci A.,** F. Petrarca a Bolsena.

In *L'Arcadia,* III (1891), n. 7, pp. 404-420.

V'è tradotta la lettera del 2 novembre 1350 del
Petrarca al Boccaccio, sulla disgrazia occorsagli a
Bolsena. **521**

1892. **Albertazzi Adolfo,** Parvenze e sembianze. —
*Bologna, Zanichelli,* 1892.

Vedi lo scritto, già comparso nella *Rassegna
Emiliana: I novellatori e le novellatrici del " Decamerone „;* e a p. 204 sulla dipendenza della novella di Fiordiligi nell' *Innamorato* del Boiardo da
quella di Dianora e messer Ansaldo nel *Decameron,*
X, 5. **522**

1892. **Anschütz Rudolf,** Boccaccio's Nolelle von Fal-
ken und ihre Verbreitung in der Literatur. — *Erlangen, Junge,* 1892.

Si parla anche della rappresentazione di questa novella (*Decameron*, V, 9) fatta in Ferrara nel 1506.

Imitarono questa novella Hans Sachs, Lope de Vega, La Fontaine, il Goethe (la cui elaborazione è andata perduta), Longfellow, Tennyson. **523**

1892. **Bartoli Adolfo,** Il Boccaccio.
In *La Vita italiana del Trecento*. — *Milano, Treves*, 1892. **524**

1892. **Catenacci Vincenzo,** L' " Amorosa Visione „ di Giovanni Boccaccio. — *Monteleone, Passafaro*, 1892.
Vedi le recensioni sfavorevoli in *Bullettino della Società Dantesca*, n. 3, I, 43, e in *Giorn. stor. della letter. it.*, XXI (1893), 443. **525**

1892. **Cochin Henry,** Un ami de Pétrarque. Lettres de Francesco Nelli à Pétrarque publiées d'après le manuscrit de la Bibliothèque Nationale. — *Paris, Champion*, 1892.
L'introduzione riguarda anche il Boccaccio ne' suoi rapporti col Nelli, con gli Acciaiuoli e con altri amici ecc. (Donato degli Albanzani, Barbato di Sulmona, Francesco e Leonardo Bruni, Lapo da Castiglionchio, Forese Donati, Carlo di Durazzo, Landolfo notaro, Coluccio Salutati, Zanobi da Strada ecc.). **526**

1892. **De Blasiis G.,** La dimora di Giovanni Boccaccio a Napoli.
In *Arch. storico per le provincie napoletane*, XVII (1892), p. 2 e segg. **527**

1892. **De Nolhac Pierre,** Boccace et Tacite. — *Rome*, 1892.
Estratto dai *Mélanges d'archéologie et d'histoire*, 1892. **528**

1892. **De Nolhac Pierre,** Pétrarque et l'humanisme. — *Paris, Bouillon,* 1892.

A pp. 345-349: *Boccace et l'étude du grec.* Vedi anche l'indice per i rapporti tra Petrarca e Boccaccio specie riguardo all'erudizione.　**529**

1892. **De Nolhac Pierre,** Pétrarque et Barlaam. In *Revue des études grecques,* 1892. Per il Boccaccio e Barlaam.　**530**

1892. **De Simone Brouwer F.,** Storia d'Argia. — *Napoli, tip. dell'Università,* 1892 [edizione di 50 es. per nozze Filippini-Piccinelli].

Saggio di un episodio del *De claris mulieribus* del Boccaccio, nel volgarizzamento di f. ANTONIO DA S. LUPIDIO.　**531**

1892. **Durrien P.,** Notes sur quelques mss. français dans des bibliothèque d'Allemagne.

In *Bibliothèque de l'école des Chartes,* LIII (1892), fasc. 1°-2°.

Si notano i codici di versioni francesi d'opere del Boccaccio (*Teseide, De Casibus*) a Monaco, a Dresda, a Vienna.　**532**

1892. **Hecker Oscar,** Die Berliner Decameron - Handschrift und ihr Verhältniss zum Codice Mannelli. Inaugural dissertation. — *Berlin,* 1892.

Cfr. recensione dell'HAUVETTE in *Giorn. stor. della letter. it.,* XXI (1893), p. 407 e segg. e la risposta dell'HECKER, *ivi,* XXII, 162.　**533**

1892. **Koeppel E.,** Studien zur Geschichte der italienischen Novelle in der englischen Litteratur des sechzehnten Jahrhunderst. *Strassburg, Trübner,* 1892. [Vol. LXX delle *Quellen und Forschungen zur Sprach-und Culturgeschichte der germanischen Völker*].

Per le versioni inglesi del *Decameron* e del *Filocolo* dovute a William Painter, Edmund Tilnay,

George Pettie, George Whetstone, Barnabe Riche, Robert Greene, Bryan Melbancke ecc.

A p. 79 segg. vedi la *Tabelle der englischen Übersetzungen;* Boccaccio: 1) Il *Decamerone* pp. 79-88). — 2). Il *Filoloco* (pp. 88-89).　　**534**

1892. **Lamma Ernesto,** Un sonetto del Boccaccio in risposta a un altro di Ser Cecco di Meletto de' Rossi da Forlì.

In *Giorn. stor. della letter. it.,* XX (1892), p. 178 e segg.　　**535**

1892. **Pizzi Italo,** Le somiglianze e le relazioni tra la poesia persiana e la nostra del Medio Evo. — *Torino, Clausen,* 1892.

Per simiglianze: dell'*Ameto* del Boccaccio col poema di Nizâmi. Cfr. anche *Giorn. stor. della letter. it.,* XVII, p. 80 e segg. (L'*Ameto persiano*).

Vedi anche riscontri con la leggenda di Florio e Biancofiore, che interessa il *Filoloco.*　　**536**

1892. **Professione A.,** Curiosità storico-letterarie.

In *La cultura,* n. 3, II (1892), p. 37 e segg.

Di un esemplare del *De Genealogia deorum* del Boccaccio.　　**537**

1792. **Rua G.,** Di alcune fonti italiane di un vecchio libro francese.

In *La Biblioteca delle scuole it.,* V (1892), p. 6 e segg.

Il libro è quello di Madame Jeanne Flore, *Comptes amoureux.* Alcuni racconti son tolti dal Boccaccio.　　**538**

1892. **Ruellé C. E.,** Pétrarque ami de Boccace.

In *Revue politique et littéraire (Revue bleue),* a. XXIX (1892), pp. 223-24.　　**539**

1892. **Schmitt J.,** La Théseide de Boccace et la Théseide grecque.

In JEAN PSICHARI, *Études de philologie néo-grec-
que*, 1892, p. 279 e segg. (fasc. 92° della *Biblioth.
de l'école des hautes études*). **510**

1892. **Sherwood,** Die neuenglischen Bearbeitungen der
Erzählung Boccaccios von Ghismonda und Guiscardo.

In *Literaturblatt für german. und roman.
Philologie*, XIII (1892), p. 412. (Già *Dissertazione
Berlino*, 1892). **511**

1892. **Varnhagen Hermann,** Ueber eine Sammlung
alter italienischen Drucke des Erlanger Universi-
tätsbibliothek. — *Erlangen, Junge*, 1892.

Poemetti popolari foggiati su novelle del *Deca-
meron* e su racconti di altre opere (*Masetto di
Lamporecchio, Florio e Biancifiore, Novella di
Gualtieri* e *Griselda*). **512**

1892. **Venturi G. Antonio,** Storia della letteratura
italiana compendiata ad uso delle scuole secondarie. — *Firenze, Sansoni*, 1892, in-16.

Giovanni Boccaccio: 1. Vita del Boccaccio. —
2. Le opere latine e le minori opere volgari. —
3. Il *Decameron*.

Vedi anche le edizioni successive (1895, 1900). **543**

1892. **Zupitza J.,** Über die mittelenglische Bearbeitung
von Boccaccios "De claris mulieribus„ in der Handschrift des British Museum Add. 10, 304.

Nella *Festschrift zur Begrüssung des fünften
allgem. deutschen Neuphilologentages Zu Berlin
fingsten*, 1892. **544**

1893. **Bacci Orazio,** Tassoniana. — *Firenze, Barbèra*,
1893.

[Per Nozze Pederzolli-Angelini]. Saggio delle
postille autografe del TASSONI al *Decameron*. **515**

1893. **Carducci Giosue,** Studi letterari. Vol. VIII
delle "Opere complete„. — *Bologna, Zanichelli*,

1893. La prima edizione è di *Livorno, Vigo*, 1880.
A pp. 131-298, *Della varia fortuna di Dante*.
(Per il Boccaccio, Petrarca e Dante). **546**

1893. **Crescini Vincenzo,** Di un nuovo documento su
Giovanni Boccaccio.
In *Rassegna bibliografica della letter. it.*, I (1893),
p. 243 e segg. **547**

1893. **Crescini Vincenzo,** Qualche appunto sopra l' "A-
meto „ del Boccaccio. — *Padova, Randi*, 1893.
Estratto dagli *Atti e memorie dell'Accademia
di Padova*. **548**

1893. **Croce Benedetto,** Primi contatti fra Spagna e
Italia.
Estratto dal volume XXIII degli *Atti dell'Accademia Pontaniana*. — *Napoli, tip. dell'Università*, 1893.
Per il Boccaccio e la letteratura spagnuola.
(Cfr. specialmente, per le importanti aggiunte e
osservazioni, la rassegna di A. FARINELLI in *Giorn.
stor. della letter. it.*, XXIV, pp. 202-231). **549**

1893. **D'Ancona Alessandro** e **Bacci Orazio,** Manuale della letteratura italiana, Vol. I, parte II,
p. 399 e segg. — *Firenze, Barbèra*, 1893.
Vedi ora la nuova edizione (*Barbèra*, 1904).
**550**

1893. **Dejob Ch.,** La X novella dell'ottava giornata
del "Decamerone „ ed "El Anzuelo de Fenisa „ di
Lope de Vega.
In *Rassegna bibliografica della letter. it.*, I (1893)
p. 149 e segg. **551**

1893. **Denk Otto,** Einfürung in die Geschichte der alt-
catalanischen Litteratur, von deren Anfängen bis
Zum 18 Jahrhundert. — *Monaco*, 1893.
Per l'influenza del Boccaccio su Bernardo Metge,
(p. 94), e su altri catalani (specie per la fortuna

anche del *Corbaccio*, *Teseide*, *Filoloco*), come Francesch Farrer (Ferrer), Antonio de Vallmanya, Hugo Bernhard Rocaberti ecc. (pp. 180, 297-298, 305, 343. Cfr. anche *Giorn. storico*, vol. XXIII, pp. 110 e 347). **552**

1893. **Graf Arturo,** Miti leggende e superstizioni del Medio Evo, vol. II. — *Torino, Loescher*, 1893, in-8.

Vedi i due scritti: *San Giuliano nel " Decamerone „ e altrove; e: Fu superstizioso il Boccaccio?*, che è la ristampa del lavoro già comparso nel vol. XLIX (1885) della *Nuova Antologia* col titolo: *Il Boccaccio e la superstizione.*

Cfr. anche *Giorn. stor. della letter. it.*, XXIII (1894), p. 250. **553**

1893. **Perrens F. T.,** Les belles lettres, Boccace et la prose. — Pétrarque et Boccace promoteurs de l'érudition. — Le Studio florentin. — Le grec et Boccace.

Nel volume *Civilisation florentine du XIII au XV siècle.* — *Paris, May et Motteroz*, 1893. **554**

1893. **Petraglione G.,** Sulle novelle di A. F. Doni. — *Trani, Vecchi*, 1899, in-8.

Estratto dalla *Rassegna pugliese*, a. XVI.

Per derivazioni dal *Decameron*. **555**

1893. **Preston H. W.** and **Dodge L.,** Studies in Correspondence of Petrarch.

In *Atlantic Monthly*. — *Boston*, LXXII (1893), pp. 89, 234, 395.

Per la corrispondenza col Boccaccio. **556**

1893. **Dottor Prompt,** Cose apocrife.

In *Giornale dantesco*, VI (1893).

Tra queste sarebbe la *Vita di Dante* del Boccaccio. **557**

1893. **Sanesi Ireneo,** Un documento inedito su Giovanni Boccaccio.

In *Rassegna bibliografica della letter. it.*, I
(1893), p. 120 e segg.                          **558**

1893. **Sanesi Ireneo,** Il cinquecentista Ortensio Lando.
— *Pistoia,* 1893.
Per richiami al *Decameron.*              **559**

1893. **Schofield W. H.,** The source and history of
the seventh novel of the sevent day in the "Decameron ".
Nel secondo volume degli *Studies and notes in
philology and literature* pubblicato dalla Harward
University di Boston. (*Boston, Ginn & Company,*
1893).                                       **560**

1893. The "Decameron " of Boccaccio.
In *The Edinbourg Review,* ottobre 1893. **561**

1893. **Villicus,** Stregoneria del Boccaccio.
In *Archivio per lo studio delle tradizioni popolari,* XII (1893), fasc. 1º.                **562**

1893. **Voigt Georg.,** Die Wiederbelebung des classischen Alterthums oder das erste Jahrhundert des
Humanismus. Dritte Auflage, besorgt von Max Leh-
nerdt. — *Berlin, Reimer,* 1893, due volumi in-8.
(Cfr. V. Rossi in *Giorn. stor. della letter. it.*,
XXIV, pp. 250-255).
Per l'erudizione del Boccaccio. Vedi indicata
la parte relativa al Certaldese nella versione italiana.                                        **563**

1893. **Wesselofsky Alessandro,** Boccaccio, la società in cui visse ed i suoi contemporanei, *S. Pietroburgo, tipografia dell' Accad. delle Scienze,* 1893.
Libro scritto in lingua russa. Vedine la notizia abbastanza minuta data da THEODOR BATIOU-
SCKOW, nella *Zeitschrift für vergleichende Litteraturgeschichte,* 1893. Cfr. inoltre la recensione
pubblicata nel volume XXVII (1896) del *Giorn.
stor. della letter. it.,* p. 195 e segg. e l'indicazione

del contenuto, che si dà a p. 309 del vol. XXIII.

Lo stesso *Giornale* annunziava la traduzione del libro del WESSELOFSKY per cura del prof. E. TUR di Venezia, con l'assistenza del Crescini. Ma questa traduzione non è poi comparsa.

Importante per gli affettuosi rapporti tra il Boccaccio e il Petrarca, per le idee politiche e i loro studi umanistici; per l'egloga XII del Boccaccio e la III del Petrarca ecc. — Un nuovo contributo alla biografia del Boccaccio dà il Wesselofsky nel volume commemorativo pubblicato in onore del prof. N. J. Storoschenko (*Mosca*, 1902). Cfr. *Giorn. stor. della letter. it.*, XXXIX, p. 473.    **564**

1893. **Zumbini Bonaventura**, Il "Nathan der Weise" di G. E. Lessing.

In *Studi di letter. straniere.* — *Firenze, Succ. Le Monnier*, 1893, p. 185 e segg.

Per i rapporti con il *Decameron*.    **565**

1893-94. **Persico F.**, Petrarca e Dante.

In *Atti della R. Accademia di scienze morali e politiche di Napoli*, XXVI (1893-94).

Per la parte avuta dal Boccaccio nella conoscenza che il Petrarca ebbe di Dante.    **566**

1894. **Brancia Vincenzo**, Della ortodossia di Dante, Petrarca, Boccaccio; studio contro le opinioni settarie, ad uso della gioventù italiana cattolica. — *Reggio Emilia*, 1894.    **567**

1894. **Buchheim C. A.**, Chaucer's 'Clerkes Tale, and Petrarca's Version of the' Griselda story,.

In *The Athenaeum*, n. 3470 (1894), p. 541 e segg.    **568**

1894. **Crescini Vincenzo**, Giovanni Boccaccio.

In *Kritischer Jahresbericht über die Fortschrifte der Roman. Philologie*, I (1894), p. 480 e segg.

Recensioni a scritti boccacceschi del 1890. **569**

1894. **Hochart P.**, Nouvelles considérations au sujet des Annales et des histoires de Tacite. — *Paris, Thorin et fils*, 1894.

Per il Boccaccio e Tacito. **570**

1894. **Hofmeister R.**, Ein noch ungedrucktes altfranzösisches Gedicht über die Griseldissage. — *Erfurt*, 1894.

Estratto dalla *Festschrift zur Feier des fümfzigjährigen Bestehens des K. Realgymnasiums zu Erfurt*, 1894. **571**

1894. **Hauvette H.**, Notes sur des manuscrits autographes de Boccace de la Bibliothèque Laurentienne.

In *Mélanges d'archéologie et d'histoire* publ. par l'école franç. de Rome, XIV (1894), p. 87 e segg. (Cfr. anche *Romania* XXIII, 491; e *Giorn. stor. della letter. it.*, XXV (1895), p. 422). **572**

1894. **Kok A. S.**, Dante Alighieri, zijn oudste en zijn jongte biograaf. — *Gent*, 1894.

Per la *Vita di Dante* del Boccaccio. **573**

1894. **Landau Marco**, Boccaccio in Ungarn.

In *Zeitschrift für vergleichende Litteraturgeschichte*, VII (1893), fasc. 2°-3°.

Sulla biografia del Boccaccio scritta da GUSTAVO HEINRICH in ungherese (*Budapest*, 1882). **574**

1894. **Le Monnier M. A.**, Pétrarque, Boccace et les débuts de l'humanisque en Italie d'après la Wiederbelebung des Classischen Alterthums de Georg. Voigt. Traduit sur la troisième édition allemande ecc. — *Paris, H. Welter*, 1894. **575**

1894. **Maccianti Guido**, Vestigia etrusche nella Valdelsa.

In *Miscellanea stor. d. Valdelsa*, II (1894), fasc. 1°, pp. 132 e segg.

Per il *poggio* del Boccaccio e la relativa leggenda, con una figura del poggio stesso. **576**

1894. **Mango F.,** Pel testo delle rime del Boccaccio.
Nel volume *Note letterarie.* — *Palermo, tip.*
" *Lo Statuto* „, 1894. **577**

1894. **Patari G.,** Critiche e polemiche boccaccesche.
In *Rassegna pugliese,* XI (1894), p. 208 e segg.,
246 e segg., 296 e segg., 351 e segg.
Riguardano la lingua del *Decameron,* le fonti,
lo stile, la moralità ecc. **578**

1894. **Penco Emilio,** Il Petrarca alla Corte dei Visconti.
In *Fanfulla della Domenica,* XVI, 21-27 maggio 1894.
Per il Boccaccio, il Petrarca e i Visconti. **579**

1894. **Pizzi Italo,** Giovanni Boccaccio.
Nella sua *Storia della letteratura italiana ad
uso delle scuole.* — *Torino, Clausen,* 1894. La seconda edizione è del 1899. **580**

1894. **Ponta Marco Giovanni,** Dante e il Petrarca,
studio, aggiuntivi i ragionamenti sopra due versi
di Dante. — *Città di Castello, S. Lapi,* 1894, in-8.
Vedi il Capitolo: *Qual sia il giudizio di Francesco Petrarca intorno alla* " *Divina Commedia* „.
**581**

1894. **Torraca Francesco,** Manuale della letteratura
italiana compilato ad uso delle scuole secondarie.
Terza edizione interamente riveduta ed annotata.
— *Firenze, Sansoni,* 1894, in-8.
Vedi anche le edizioni precedenti per la parte re-
lativa al Boccaccio. **582**

1894. **Vaccalluzzo Nunzio,** L'arte nella similitudine;
saggio di studio storico estetico nella prosa italiana. (Boccaccio, Castiglione, Galileo, Verri, Leopardi, Manzoni, De Amicis, D'Annunzio). — *Catania, tip. M. Galati,* 1894. **583**

1894. **Wannenmacher,** Die Griseldissage auf der ibe-
rischen Halbinsel. — *Strasburgo,* 1894.

    Cfr. anche la recensione di A. L. STIEFEL in
*Literaturblatt für german. und roman. Philolo-
gie,* XVI (1895), pp. 415-417.     **584**

1895. **Bellezza Paolo,** Introduzione allo studio de' fonti italiani di G. Chaucer ecc. — *Milano, Ranzini,*
1895.     **585**

1895. **Braggio Carlo,** La rappresentazione della bellezza femminile nel quattrocento.

    Nel libro *Impressioni e discorsi letterari.* —
*Brescia,* 1895.

    Per il Boccaccio e la donna.     **586**

1895. **Cesareo G. A.,** Un codice petrarchesco della biblioteca chigiana.

    Nei *Rendiconti della R. Accademia dei Lincei,*
serie quinta, IV, 4 (1895), p. 188 e segg.

    Sul creduto autografo boccaccesco L. V, 176.

        **587**

1895. **Chemelarz,** Eine Handschrift der Teseide.

    In *Jahrbuch der Kunstsammlungen des allerh.
Kaiserhauses* del 1895.     **588**

1895. **Child C. G.,** Chaucer's "House of Fame„ and
Boccaccio's "Amorosa Visione„.

    In *Modern Language Notes,* X (1895), fasc. 6°,
pp. 190-192.     **589**

1895. **De Nolhac P.,** Une ligne autographe de Boccace.

    In *Revue des bibliothèques,* V (1895), fasc. 1°,
p. 13.     **590**

1895. **Drescher Karl,** Boccaccio "de claris mulieribus„
deutsch übersetz von Steinhöwel herausgegeben ecc.
— *Tübingen,* 1895, in-8. È il n. 205 della "Bibliothek des litterarischen Vereins in Stuttgart„.

Al testo precede un'introduzione (I-LXXVI):
1. Die lateinischen handschriften. — 2. Lateinische
drucke. — 3. Die drucke von Steinhöwels deutscher
übersetzung. — 4. Steinhöwels vorlage und das
verhältnis der drucke zu einander. — 5. Boccaccios
*clarae mulieres* und Steinhöwels übersetzung. —
6. Sprachliches. — 7. Der druck der *berühmten
frauen* von 1473.                                    **591**

1895. **Gebhart Ém.**, Boccace. [Le prologue du " Dé
cameron „ et la Renaissance].

In *Revue de deux mondes*, CXXXII (1895),
p. 128 e segg. — [La Comédie italienne] nella *Revue* citata vol. CXXXII, p. 622 e segg. [Les drames du Décameron] *Ivi*, vol. CXXXIII (1886), p.
849 e segg.                                          **592**

1895. **Hecker Oscar**, Der Deo Gratias-Druck des "Decameron „.

In *Abhandlungen Herrn prof. dr. A. Tobler*.......
*dargebracht. — Halle, Niemeyer*, 1895, p. 210 e segg.
                                                     **593**

1895. **Kalff. G.**, Literatuur en Tooneel te Amsterdam
in de zeventiende eeuw. — *Haarlem*, 1895.

Per la fortuna e le imitazioni del *Decameron* in
Olanda.                                              **594**

1895. **Lanson Gustave**, Histoire de la littèrature française. — Paris, Hachette, 1895, in-16.

Vedi i rimandi dell'Indice (pp. 154, 161, 234, 238,
505, 546) per il Boccaccio e la Francia.            **595**

1895. **Möller H.**, Arigo und seine Decameron-Ueber-
setzung. — *Laurea, Lipsia*, 1895.                   **596**

1895. **Paris Gaston**, I racconti orientali nella letteratura francese. — *Firenze*, 1895, (*Biblioteca critica della
letter. it.*, dir. da F. TORRACA).

Per le fonti del *Decameron*.                        **597**

1895. **Paris Gaston**, La parabole des trois anneaux.

In *La poésie du moyen âge.* — *Parigi*, 1895, II, 131 e segg.

Per la novella terza della giornata prima. **598**

1895. **Penco Emilio**, Storia della letteratura italiana, vol. III. — *Siena, tip. S. Bernardino edit.*, 1895, in-8.

Per la parte relativa al Boccaccio in genere.

**599**

1895. **Symonds Addington John**, Giovanni Boccaccio as man and author. — *London, John C. Nimmo*, 1895, in-8.

(Cfr. la recensione di Maurice Hewlett in *The Academy*, 1895, n. 1179, p. 469).

Si studia il Boccaccio e l'umanesimo; il Boccaccio come uno dei fondatori della letteratura italiana; la sua vita; la fusione dell'elemento classico e medievale nel Boccaccio. Il *Filocolo*, l'*Ameto*, l'*Amorosa Visione*, il *Ninfale fiesolano*, la *Teseide;* il Boccaccio e Chaucer; il Boccaccio e Shakespeare; il Boccaccio e Dryden. Il *Filostrato*. Dubbî sull'autenticità della *Fiammetta*. — Il Boccaccio e il Petrarca. — Uffici pubblici. — Opere enciclopediche del Boccaccio. — Versione d'Omero. — Il Boccaccio e il certosino Pietro Petroni. — La lettura della *Divina Commedia*. — Esame del *Decameron* ecc. **600**

1895. **Toldo Pietro**, Contributo alla storia della novella francese del XV e **XVI** secolo considerata specialmente nelle sue attinenze con la letteratura italiana. — *Roma, Loescher*, 1895, in-8.

[*Le cent Nouvelles* nouvelles — Heptaméron — Les comptes du monde adventureux. — Le grand Parangon des Nouvelles nouvelles — Les joyeux devis]. Per ognuno di questi capitoli ci sono note comparative, dove, naturalmente, come nel testo, è fatta larga parte al Boccaccio; si illustra la diffusione del motivo del *Decameron* IV, 2 ecc. (Cfr. anche lo scritto, che muove da questo studio del Toldo, di G. PARIS in *Journal des savants*, 1895, p. 289 e segg. e 342 e segg.)

Vedi pure P. RIVOIRE, *Contributo alla storia dell'influenza della novella italiana sulla novella francese* in *Il Rinascimento*, II, 17-18; II, 19-20 (nuovi riscontri oltre quelli indicati dal Toldo).

**601**

1895. **Venturi G. A.,** Storia della letteratura italiana compendiata ad uso delle scuole secondarie. — *Firenze, Sansoni*, 1895.

Seconda edizione. (La prima edizione è del 1892). Del Boccaccio si parla a p. 45 e segg. **602**

1895. **Wendriner R.,** Die Quellen von B. Dovizi's Calandrin. — *Halle*, 1895.

Nelle *Abhandlungen* offerte ad A. Tobler nel XXV anniversario del suo insegnamento.

Per reminiscenze di novelle boccaccesche. (*Decameron*, IX, 5; VIII, 4). **603**

1895. **Zenatti Oddone,** La "Divina Commedia„ e il "divino poeta„. — *Bologna, Zanichelli*, 1895.

Il Boccaccio chiama per primo *Divina* la *Commedia*. **604**

1896. **Bianchini Gius.,** Il tempio della fama di Girolamo Parabosco. — *Venezia*, 1896, in-8.

A p. 105 della *Miscellanea nuziale Biadego-Bernardinelli*.

Per il *Viluppo*, imitazione del *Decameron*, V, 5. **605**

1896. **Casini Tommaso,** Boccaccio.

In *Geschichte der ital. Litteratur*, preparata per i *Grundriss der roman. Philologie* di G. GRÖBER, II (1896), 3, p. 105 e segg. **606**

1896. **Cavazza F.**, Le scuole dell'antico studio bolognese. — *Milano, Hoepli,* 1896.

> A p. 164 e segg. si parla dell'epistola boccaccesca a Pietro da Moglio.    **607**

1896. **Child C. G.**, Chaucer's Legend of good women and Boccaccio's " De Genealogia deorum „.

> In *Modern Language notes,* XI (1896), fasc. 8°.
>     **608**

1896. **Franciosi Giovanni,** Il Dante Vaticano e l'Urbinate descritti e studiati per la prima volta. — *Città di Castello, S. Lapi,* 1896, in-16.

> Per il famoso Vaticano 3199 inviato dal Boccaccio al Petrarca.    **609**

1896· **Hauvette H.,** Sulla cronologia delle egloghe latine del Boccaccio.

> In *Giorn. storico della letter. it.,* XXVIII (1896), p. 154 e segg.    **610**

1896. **Jusserand J. J.,** Au tombeau de Pétrarque.

> In *Revue de Paris,* luglio 1896, pp. 92-119.
> Per la traduzione della *Griselda* da parte del Petrarca.    **611**

1896. **Mather,** Chaucer in Italy.

> In *Modern Language notes,* XI (1896), fasc. 8°.
> Per le relazioni letterarie col Boccaccio.    **612**

1896. Nederlandsche Vertalingen van Boccaccio's " Decamerone „ in Noord en Zuid, 19, 3.

> In *Litteraturblatt für german. und roman. Philologie,* XVII (1896).
> Per le versioni olandesi del *Decameron.*    **613**

1896. **Paris Gaston,** La leggenda di Saladino. Traduzione di M. MENGHINI. — *Firenze, Sansoni,* 1896 [fasc. 8° della *Biblioteca critica della letter. it.,* diretta da F. TORRACA].

> Per il *Decameron,* X, 9.    **614**

1896. **Radó**, Az olasz irodalom története. — *Budapest*, 1896.

> Cfr. *Giorn. stor. della letter. it.*, XXIX, 223.
> Per traduzioni e rifacimenti ungheresi del *Decameron*. **615**

1896. **Spera Giuseppe**, Dante, Petrarca e Boccaccio.
> In *Letteratura comparata*, 2ª ediz. Napoli, Chiurazzi, 1896, in-8. **616**

1896. **Zumbini Bonaventura**, Il "Ninfale fiesolano „ di Giovanni Boccaccio. — *Firenze, Sansoni*, 1896.
> È il n. 14 della *Biblioteca critica della letter. it.*, diretta da F. TORRACA.
> Questo scritto, con poche differenze, apparve prima nella *Nuova Antologia* del 1º marzo 1884 col titolo: *Una storia d'amore e morte.* **617**

1897. **Bologna L.**, Giovanni Boccaccio e le sue opere.
> In *Ateneo veneto*, XX (1897), vol. II, p. 205 e segg., e XXI (1898), vol. II, p. 204 e segg. **618**

1897. **Brocchi V.**, Un novelliere del secolo XVII : Gerolamo Bersoni. — *Padova, tip. Cooperativa*, 1897.
> Cfr. anche *Giorn. stor*, XXXI, pp. 141-144.
> Per la fortuna della novella boccaccesca nel seicento. **619**

1897. **Chiarini Cino**, Intorno alle "Novelle di Canterbury „ di Goffredo Chaucer.
> In *Nuova Antologia*, vol. LXXII (1897, 1º nov.), fasc. 21º, p. 148 e segg., e fasc. 22º (16 nov. 1897) p. 325 e segg. **620**

1897. **Chiarini Cino**, Dalle "Novelle di Canterbury „ di G. Chaucer. — *Bologna, Zanichelli*, 1897.
> Cfr. *Giorn. stor. della letter. it.*, XXXI (1898), p. 156. **621**

1897. **Dobelli Ausonio**, Figure e rimembranze dantesche nel "Decamerone „. [Di alcune fonti manzoniane (*Filocolo*)].

In *Studi letterari.* — *Modena, Namias,* 1897, p. 81 e segg. **622**

1897. **Dobelli Ausonio,** Il culto del Boccaccio per Dante.

In *Giornale dantesco,* V (1897), fasc. 5°. (Cfr. *Giorn. stor. della letter. ital.,* XXXII (1898), p. 219 e segg.). **623**

1897. **Gentile Giovanni,** Delle commedie di A. Francesco Grazzini detto il Lasca.

In *Annali della R. Scuola norm. super. di Pisa,* XIX (1897), 1-129. — *Pisa, Nistri,* 1897. **624**

1897. **Grauert Hermann,** Neue Dante-Forschungen.

In *Historisches Jahrbuch,* 1897, p. 58 e segg.

Per la *Genealogia* del Boccaccio, fonte a JACOPO FILIPPO DA BERGAMO. **625**

1897. **Hecker Oscar,** Die Schicksale der Bibliothek Boccaccios, mit 3 Autographentafeln.

In *Zeitschrift für Bücherfreunde,* I (1897), p. 33 e segg. **626**

1897. **Lisio Giuseppe,** Orazioni scelte del secolo XVI. — *Firenze,* 1897.

Per la fortuna della prosa boccaccesca. **627**

1897. **Marchesi G. B.,** Per la storia della novella italiana nel sec. XVII. — *Roma, Loescher,* 1897.

A pp. 144 e segg. si parla della fortuna del Boccaccio nel seicento. **628**

1897. **Mazzoni Guido,** Mico da Siena e una ballata del " Decamerone „.

In *Miscellanea storica della Valdelsa,* V (1897), p. 135 e segg. **629**

1897. **Melodia Giovanni,** Difesa di Francesco Petrarca.

In *Giornale dantesco,* IV (I della nuova serie) (1897), pp. 213-247 e 385-419; e *ivi,* VI (nuova serie, III) pp. 183-202.

Per la parte avuta dal Boccaccio nella considerazione in cui il Petrarca teneva Dante. **630**

1897. **Merkel Carlo,** Come vestivano gli uomini del " Decameron „.

In *Rendiconti della R. Accademia dei Lincei* (Classe di scienze morali, storiche e filologiche) Serie V, vol. VI (1897), fasc. 9°-10° e 11°-12°. E in estratto. — *Roma*, 1898. **631**

1897. Novels of the Italian Renaissance.

In *The Edimburgh review*, aprile 1897.

Sulle versioni inglesi del Boccaccio, dello Straparola, di Masuccio e del Bandello. **632**

1897. **Reforgiato Vincenzo,** Donne e frati nel " Decamerone „ di Giovanni Boccaccio. — *Catania, Galati,* 1897.

Cfr. però *Giorn. stor. della letter. it.*, XXXII, p. 247. **633**

1897. **Sabbadini Remigio,** Autori latini citati dal Boccaccio.

In *Spigolature latine* pubblicate negli *Studi italiani di filologia classica*, V (1897), p. 376 e segg. **634**

1897. **Voigt Giorgio,** Il risorgimento dell'antichità classica ovvero il primo secolo dell' Umanesimo. Giunte e correzioni con gli indici bibliografico e analitico per cura di GIUSEPPE ZIPPEL. — *Firenze, Sansoni*, 1897, in-8. **635**

1897. **Wesselofsky Alessandro,** Evstakhii iz Matery i ego " Planctus Italiae „.

Estratto dalla *Rivista del Ministero della istruzione pubblica* di Pietroburgo, 1897.

Per Eustachio di Matera, del secolo XIII (autore di un poema latino *Planctus Italiae*), che il Boccaccio ricorda nalla *Genealogia deorum*, VII' 41. **636**

1897. **Wurzbach (von) W.,** Zur dramatischen Behandlung der Griseldissage.

In *Euphorion, Zeitscrift für Litteraturgeschichte,* IV (1897), p. 447 e segg. **637**

1897-98. **Brocchi V.,** L'accademia e la novella nel seicento. Gian Francesco Loredano.

In *Atti del R. Istituto Veneto,* tomo X, serie VII (1897-98), pp. 284 e segg.

Per l'imitazione della novella boccaccesca nel seicento. **638**

1898. Boccaccio as a quarry.

In *Quarterly Review,* 1898, 188. **639**

1898. **Canepa A.,** La fede degna persona del Boccaccio.

In *Nuove ricerche sulla Beatrice di Dante. — Torino,* 1895, p. 93 e segg. **640**

1898. **Crescini Vincenzo,** Giovanni Boccaccio.

In *Kritischer Jahresbericht über Fortschritte der roman. Philol.,* III (1898), p. 396 e segg. **641**

1898. **Dobelli Ausonio,** Rime e prose di Bartolomeo Cinthio Scala, con note e introduzione. — *Città di Castello, Lapi,* 1898. (*Collezione di opuscoli danteschi inediti o rari,* diretta da G. L. PASSERINI).

Per imitazioni, esteriori in gran parte, e formali di opere Boccaccesche (*Teseide, Fiammetta, Filocolo, Corbaccio, Amorosa Visione*). **642**

1898. **Dobelli Ausonio,** Dell'efficacia che il concetto politico-civile di Dante esercitò su quello del Boccaccio.

In *Ateneo veneto,* XXI (1898), I, p. 77 e segg. **643**

1898. **Fischer R.,** Zu den Kunstformen des mittelalterlichen Epos. Hartmanns Iwein, Das Nibelungenlied, Boccaccio's " Filostrato „ und Chaucers Troylus und Cryseide.

In *Wiener Beiträge zur Englischen Philologie*, vol. IX. **644**

1898. **Garnett Richard**, A History of Italian Literature. — *London, William Heinemann*, 1898, in-8.

È il n. 4 della raccolta *Short Histories of the Literatures of the World* „ diretta da E. GOSSE.

Del *Boccaccio* si parla nel cap. VII, p. 82 e segg. [Boccaccio's youth — The *Filocopo* — The *Fiammetta* — The *Decameron* — Boccaccio's Epics — The *Amorosa Visione* — Boccaccio's *Minor Poems*]. **645**

1898. **Gerola Giuseppe**, Alcuni documenti inediti per la biografia del Boccaccio.

In *Giorn. stor. della letter. it.*, XXXII (1898) p. 345 e segg. **646**

1898. **Mascetta-Caracci Lorenzo**, Barbato di Sulmona ed i suoi amici Barrili e Petrarca.

In *Rassegna abruzzese di storia e arte*, II (1898), fasc. 5º-6º.

Per l'amicizia di Barbato col Boccaccio. **647**

1898. **Melodia Giovanni**, Studio su i Trionfi del Petrarca. — *Palermo, Reber*, 1898.

Esclude l'influenza dell'*Amorosa Visione* del Boccaccio. **648**

1898. **Morf H.**, Geschichte d. neueren französischen Litteratur, I. — *Strasburgo*, 1898.

Per l'imitazione del teatro italiano e indirettamente del Boccaccio. **649**

1898. **Norden Eduard**, Die antike Kunstprosa vom VI Jahrhundert v. Chr. bis in die Zeit der Renaissance. — *Lipsia*, 1898.

Si parla anche del Boccaccio come prosatore. **650**

1898. **Rieger Max**, Ueber eine misverstandene Stelle in Dantes " Commedia „.

In *Nachrichten der K. Gesellschaft der Wissenschaften zu Göttingen. - Philol.-Histor. Klasse,* 1898, fasc. 4°, pp. 479 e segg.

Recensione di E. ROSTAGNO in *Bullett. della società dantesca it.*, nuova serie, IX, 38.

Per la *Vita di Dante* del Boccaccio. **651**

1898. **Robinson James Harvey** and **Rolfe H. Winchester**, Petrarch, the first modern scholar and man of letters; a selection from his correspondence with Boccaccio and other friends, designed to illustrate the beginnings of the Renaissance Translated from the original latin, together with historical introduction and notes. — *New York and London, Putnam's Sons,* 1898, in-8.

Per le lettere del Petrarca al Boccaccio. **652**

1898. **Rossi Vittorio,** Il quattrocento. — *Milano, Vallardi,* 1898, in-8.

Vedi l'indice generale per i rimandi. [Imitazioni del *Decameron* e *Filocolo* in Gentile Sermini, Masuccio Salernitano, Sabbadino degli Arienti, L. B. Alberti, G. Gherardi, Jacopo Caviceo. Imitazioni dell'*Amorosa Visione, Ameto* e *Filostrato* nei poemi di Francesco Corbizzeschi detto il Pestellino, Jacopo Serminocci, ser Domenico da Prato, messer Piero del Giocolo. Imitazioni del *Ninfale fiesolano* in Lorenzo de' Medici; del *Decameron* nel Boiardo; dell'*Ameto* nel Sannazzaro. Messo in versi da Francesco Malecarni, Francesco Accolti, ser Lodovico Bartoli. Tradotto in latino da Antonio Loschi (I, 1), Leon. Bruni (IV, 1), B. Fazio (X, 1), Filippo Beroaldo (IV, 1; V, 1; X, 8).] **653**

1898. **Rua Giuseppe,** Tra antiche fiabe e novelle: I. Le "Piacevoli notti„ di mess. Gian Francesco Straparola. Ricerche. — *Roma, Loescher,* 1898.

Per le imitazioni dal *Decameron* del Boccaccio. **654**

1898. **Savj-Lopez Paolo,** Il "Filostrato „ di Giovanni Boccaccio.

In *Romania*, XXVII (1898), p. 442 e segg. **655**

1898. **Scarano Nicola,** Alcune fonti romanze dei " Trionfi „.

In *Rendiconti della R. Accademia di lettere e belle arti di Napoli,* nuova serie, XII (1898), p. 33 e segg.

Esclude l' influenza dell'*Amorosa Visione.* **656**

1898. **Verdam J.,** De "Griseldisnovelle „ in het Nederlandsch; Een nieuwe Griseldistexst.

In *Tijdschrift voor nederlandsche taal-en letterkunde* XVII, (1898), p. 1. **657**

1898. **Volpi Guglielmo,** Il Trecento. Storia letteraria d'Italia scritta da una società di professori. — *Milano, Vallardi,* 1898.

A pp. 84-186: Il Boccaccio e i suoi imitatori. — Il Boccaccio. — La fanciullezza. — Napoli e gli amori. — Firenze e la partecipazione alla cosa pubblica. — Turbamenti religiosi. — Ospitalità dell'Acciaiuoli e del Petrarca — Altri inviti. — Ultimi anni. — Le liriche. — Il *Filocolo.* — La *Teseide.* — Il *Filostrato.* — L'*Ameto.* — L'*Amorosa Visione.* — La *Fiammetta.* — Il *Ninfale fiesolano.* — Il *Decameron.* — Il *Corbaccio.* — L'erudizione del Boccaccio. — Le egloghe. — Il *De Genealogiis deorum.* — Il *De montibus, silvis* ecc. — Il *De claris mulieribus.* — Il *De casibus virorum illustrium.* — Gli scritti d'argomento dantesco. — Qualità del Boccaccio. — Imitatori del Boccaccio. **658**

1898. **Witte K.,** The two versions of Boccaccio's Life of Dante.

In *Essays on Dante, selections from the Dante-Forschungen* ecc. — *London,* 1898, p. 262 e segg. **659**

1899. **Belloni Antonio,** Il Seicento. — *Milano, Vallardi,* 1899.

Per le imitazioni del *Decameron* nel secolo XVII, pp. 381-384. **660**

1899. **Bernicoli G.,** La figliuola di Dante Alighieri. In *Giornale dantesco,* VII, nuova serie, III, quaderno VIII, pp. 337-340.

Per le relazioni tra il Boccaccio e Beatrice Alighieri. **661**

1899. **Boccaccio,** La vita di Dante. Testo del così detto " Compendio „ per cura di ENRICO ROSTAGNO. — *Bologna, Zanichelli,* 1899, in-8°. (*Biblioteca storico-critica della letteratura dantesca,* II-III).

Cfr. VANDELLI in *Bull. della Società dantesca,* nuova serie, VII, 101 ; H. HAUVETTE in *Revue critique,* XXXIII (1899) pp. 495-496. **662**

1899. **Carrara E.,** Un oltretomba bucolico. — *Bologna, Zanichelli,* 1899, in-8.

Imitazioni dantesche nel *Bucolicum carmen* del Boccaccio.

Recensione di F(ortunato) P[intor] in *Bull. della Società dantesca it.,* nuova serie, VII, pp. 70-71. **663**

1899. **Concari Tullo,** Il Settecento. — *Milano, Vallardi,* 1899, in-8.

Pp. 399-401. Gli studî sul Boccaccio. (Imitazioni formali e difesa del *Decameron*). **664**

1899. **Crescini Vincenzo,** Il cantare di Florio e Biancifiore edito ed illustrato. — *Bologna, Romagnoli, Dall'Acqua,* 1899, in-8.

Cfr. *Giorn. stor. della letter. it.,* XXXIV, p. 445 e G. PARIS in *Romania,* XXVIII, p. 439 e segg.

Per il *Filocolo* del Boccaccio. **665**

1899. **Crescini Vincenzo,** Giovanni Boccaccio.

In *Kritischer Jahresbericht über Fortschritte der roman. Philologie,* IV (1899), pp. 278 e segg.

Rassegna dei lavori boccacceschi usciti nel biennio 1895-96. **666**

1899. **D'Alfonso R.**, Note critiche sull'autenticità della Epistola a Cangrande della Scala attribuita a Dante Alighieri. — *Nicastro, tip. V. Nicotera*, 1899, in-8.

Recensione di G. VANDELLI in *Bull. della Società dantesca it.*, nuova serie, VIII, p. 137 e segg.

Per i rapporti che con questa epistola *dantesca* può avere avuto il Boccaccio. **667**

1899. **Davidsohn R.**, Il padre di Giovanni Boccaccio. In *Arch. storico italiano*, serie V, vol. XXIII (1899), disp. 4ª. **668**

1899. **Di Giacomo Salvatore**, La prostituzione in Napoli nei secoli XV, XVI e XVII, documenti inediti. — *Napoli, Marghieri*, 1899, in-8.

Per il ricordo di personaggi e scene del *Decameron*. **669**

1899. **De Maria Ugo**, La favola di Amore e Psiche nella letteratura e nell'arte italiana. — *Bologna, Zanichelli*, 1899, in-8.

Per il Boccaccio e Apuleio. **670**

1899. **D'Ovidio Francesco**, L'epistola a Cangrande. In *Rivista d'Italia*, 1899, fasc. 9º.

Recensione di G. VANDELLI in *Bullett. della Società dantesca it.*, nuova serie, VIII, pp. 137 e segg.

Per i rapporti del Boccaccio con questa epistola e l'uso fattone nella *Vita di Dante*. **671**

1899. **Fortebracci G.**, L'eredità di Giovanni Boccaccio. In *Rassegna nazionale*, vol. CIX (1899), pp. 206-210 e vol. CX (1900), pp. 740-748.

Osservazioni di poco conto sull'influenza della prosa boccaccesca nella letteratura italiana. **672**

1899. **Grauert Hermann,** Dante, Bruder Hilarius und das Sehnen nach Frieden. — *Köln, Druck von J. P. Bachem,* 1900, in-16.

Il Boccaccio non è il falsificatore della lettera di frate Ilario. **673**

1899. **Huet G.,** Sur l'origine de " Floire et Blanchefleur „.

In *Romania,* XXVIII (1899), pp. 348-359.

In favore dell'opinioue che la leggenda sia d'origine orientale, e più precisamente *araba.* **674**

1899. Istoria di Phileto veronese di Lodovico Corfino per cura di G. BIADEGO. — *Livorno,* 1899.

Per la imitazione della novella boccaccesca di Gerbino e della figlia del re di Tunisi (*Decameron,* IV, 4). **675**

1899. **Jusserand J. J.,** Did Chaucer meet Petrarch?

In *Nineteenth Century,* CCXXXII (1899), pp. 993-1005.

Chaucer avrebbe parlato col Petrarca del *Decameron* del Boccaccio. **676**

1899. **Neilson Allan W.,** The origins and sources of the " Court of Love „.

In *Harward Studies and notes in philologie and literature,* vol. VI.

Si parla anche dell'*Amorosa Visione* del Boccaccio. **677**

1899. **Novati Francesco,** Indagini e postille dantesche. Serie prima. — *Bologna, Zanichelli,* 1899, in-8. (Fasc. IX-X della *Bibl. storico-critica della letter. dantesca* diretta da G. L. PASSERINI e P. PAPA).

La seconda *Indagine,* parlando delle egloghe dantesche, accenna all'imitazione fattane dal Boccaccio. **678**

1899. **Provasi Pacifico,** Due poemetti mitologici dei secoli XIV e XV. — *Pavia, tip. cooperativa,* 1899.

Cfr. *Rass. critica della letter. it.,* V, 265.

Si tratta del *Ninfale fiesolano* e del *Driadeo d'Amore.*    **679**

1899. **Rossi Vittorio,** Dante e l'Umanesimo.

Nel volume *Con Dante e per Dante.* Discorsi e conferenze tenute per cura del comitato milanese della Società dantesca italiana nel 1898. — *Milano, Hoepli,* 1899, in-16.

A pp. 171-180 si parla del Boccaccio, ne' suoi rapporti col Petrarca e Dante.    **680**

1899. **Spingarn J. E.,** A history of litterary criticism in the renaissance. — *New York, Macmillan,* 1899.

Parla anche del Boccaccio e delle sue idee relative alla letteratura fantastica e poetica.    **681**

1899. **Stillmann W.,** The "Decamerone„ and ist villas. In *Nineteenth Century,* agosto 1899.    **682**

1899. **Teza Emilio,** Di un luogo da rivedere nel commento di Giovanni Boccaccio alla "Commedia„.

In *Atti della R. Accademia di scienze lettere ed arti di Padova,* nuova serie, XVI (1899-900).

**683**

1899. **Torraca Francesco.** L'epistola a Cangrande. In *Rivista d'Italia,* 1899, fasc. 12°.

Cfr. VANDELLI in *Bull. della Società dantesca it.,* nuova serie, VIII, 137.

Per l'uso che il Boccaccio fece di questa epistola nella *Vita di Dante.*    **684**

1899. **Toynbee Paget,** The Bibliography of Boccaccios a Genealogia deorum.

In *Athenaeum,* n. 3733 (1899).    **685**

1899. **Volpi Guglielmo.** Una canzone di Cino da Pistoia nel "Filostrato„ del Boccaccio.

In *Bull. storico pistoiese,* I (1899), fasc. 3°. **686**

1899. **Zingarelli N.,** L'epistola di Dante a Moroello Malaspina.

In *Rassegna critica d. letter. it.*, IV (1899), p. 3 e segg.

(Cfr. recensione di G. VANDELLI in *Bull. della Società dantesca it.*, nuova serie, VII, p. 59 e segg.)

Dante e il Boccaccio. Relazione di una lettera giovanile del Boccaccio con l'epistola a Moroello. E nel VANDELLI: *Relazioni della lettera boccaccesca* " *Mavortis milex* " *con Apuleio e testo di essa.* **687**

1899. **Burckhardt Jacopo,** La civiltà del rinascimento in Italia, trad. Valbusa. Nuova edizione accresciuta per cura di G. ZIPPEL. Due volumi. — *Firenze, Sansoni*, 1899-901, in-8.

Vedi, oltre l'indice generale, il cap. IV del vol. I (pp. 283 e segg.): L'umanismo nel secolo XIV. — Parte presavi da Dante, Petrarca e Boccaccio. — — Il Boccaccio primo campione dell'antichità. Del vol. II vedi il cap. V: Il Boccaccio e la *Fiammetta*; e il cap. VIII: La Bellezza negli scritti di Boccaccio. **688**

1899-900. **Scrinzi A.,** Poesie inedite di M. Falieri.

In *Atti del R. Istituto veneto*, anno 1899-900, tomo LIX, parte II, pp. 253-264.

Tra queste poesie scritte in greco si trova un poemetto che ha molte simiglianze con l'*Amorosa Visione* del Boccaccio. **689**

1899-1903. **Zingarelli Nicola,** Dante. — *Milano, Vallardi* [1899-1903].

Per la credibilità della *Vita di Dante;* per l'autenticità o falsificazione delle epistole *dantesche* a Cino da Pistoia, all'Amico fiorentino, a Cangrande della Scala, della lettera di frate Ilario; sulle relazioni tra Boccaccio, Petrarca e Dante. — (Nel tessere la biografia di Dante si vale largamente del Boccaccio, discutendone mano mano la credibilità e l'esattezza). **690**

1900. **Axon W. E. A.,** Italien influence on Chaucer.
In *Chaucer memorial lectures.* — *London, Asher*,
1900.

Per l'influenza di Dante, del Petrarca e del Boccaccio sul poeta inglese.                            **691**

1900. **Bonaventura Arnaldo,** La poesia neo-latina
in Italia dal secolo XIV al presente. Saggio e
versioni poetiche. — *Città di Castello, S. Lapi*,
1900, in-16.

Traduzione anche di *egloghe* del Boccaccio. **692**

1900. **Brandi Karl,** Die Renaissance in Florenz und
Rom. — *Leipzig*, 1900.

Cap. II: Die florentiner Gesellschaft und der
Humanismus (pp. 29-61). — Die Gesellschaft des
*Decameron*, 33. — Ihre Unterhaltung, 35. — Die
neue Stellung der Frau, 37. — Die Gesellschaft des
Paradiso de li Alberti. — Anfänge des Humanismus.
— Petrarca. — Seine Lyrik, 42. — Die Entdec-
kung der Welt und des Menschen, 43 ecc. — Gio-
vanni Boccaccio, 49.                                 **693**

1900. **Carrara Enrico,** Un peccato del Boccaccio.
In *Giorn. stor. della letter. it.*, vol. XXXVI
(1900), pp. 123 e segg.

Per accenni autobiografici, relativi a un peccato
con una monaca, che l'A. ha creduto scoprire nel-
l'ultima egloga e nel *Ninfale fiesolano*.          **69 ¿**

1900. Codice diplomatico dantesco edito da **G. Biagi**
e **G. L. Passerini,** 5ᵃ dispensa (1900).

Ripubblica il *Documento* relativo al Boccaccio
e a Beatrice Alighieri, scoperto da S. Bernicoli;
con altri documenti dove comparisce il nome di
Donato degli Albanzani, l'amico del Boccaccio e
del Petrarca.                                        **695**

1900. **Dejob Ch.,** A propos de la partie honnête du Décaméron de Boccace.
In *Revue universitaire,* 15 luglio 1900.  **696**

1900. **Drescher Karl**, Arigo der Uebersetzen des Decamerone und des Fiore di Virtù. — *Strassburg, Karl J. Trübner*, 1900, in-8.

Fa parte della raccolta *Quellen und Forschungen zur Sprache und Kulturgeschichte der Germanischen Völker herausgegeben von* A. BRANDL disp. 86ª (1900). **697**

1900. Extraits de Boccace. — *Paris, Garnier*, 1900, in-16. (Con introduzione e note di H. HAUVETTE).

Vi si leggono estratti della *Vita di Dante* e del *Comento* alla Commedia. **698**

1900. **Federn Karl**, Dante. — *Leipzig, Berlin und Wien;* Verlag von *E. A. Lumann und der Gesellschaft für graph. Industrie*, in-8.

Per la *Vita di Dante* del Boccaccio. **699**

1900. **Flamini Francesco**, Compendio di storia della letteratura italiana ad uso delle scuole secondarie. — *Livorno, R. Giusti, editore*, 1900.

Il cap. II-III (pp. 53-60): Vita di Giovanni Boccaccio. Liriche, romanzi e poemi del Boccaccio. Il *Decameron* e gli scritti boccacceschi in latino.

Vedi anche la seconda edizione (1901), rifatta e arricchita di una *Notizia bibliografica* (pp. 61-66.) **700**

1900. **Gebhart E.**, La génèse d'un conte de Boccace. In *Journal des débats politiques et littéraires* 14 marzo 1900. **701**

1900. **Giannone T.**, Una novella del Boccaccio e un dramma del Lessing.

In *Rivista abruzzese*, XV (1900), p. 32 e segg. La novella è quella dei *Tre anelli (Decameron*, I, 3), e il dramma *Nathan il Savio*. **702**

1900. **Gosse Edmund**, Littérature anglaise, trad. de HENRY-D. DAVRAY. — *Paris, A. Colin*, 1900, in-16. [Histoires des littératures].

L'originale è del 1897. Vedi il cap. I per Chaucer e Boccaccio. **703**

1905. **Grasso D.**, L'Aretino e le sue commedie. Una pagina della vita morale del Cinquecento. — *Palermo,* 1900.

Per l'imitazione del *Decameron.* **704**

1900. **Neilson W. A.**, The purgatory of cruel beauties a note on the sources of the 8 *th* novel of the 5 *th* day of the " Decameron „.

In *Romania,* XXIX (1900), p. 85 e segg.

Per la formazione della novella VIII della giornata quinta del *Decameron.* **705**

1900. Novelle scelte dal " Decameron „ con commenti filologici e rettorici ad uso delle scuole e degli studiosi della lingua per cura del prof. R. FORNACIARI. — Prima edizione fiorentina riveduta e corretta; nuova tiratura. — *Firenze, Sansoni,* 1900, in-8. **706**

1900. **Perrella P. P.**, Le pistole volgari di Niccolò Franco e il primo libro delle " Lettere „ dell'Aretino.

In *Rassegna critica della letter. it.,* V (1900), p. 97 e segg.

Richiama l'analogia tra un'epistola consolatoria di N. Franco e una dell'Aretino con la epistola boccaccesca a Pino de' Rossi. **707**

1900. **Perroni Grande L.**, Un " cuntu „ siciliano ed una novella del Boccaccio.

In *Archivio per lo studio delle tradizioni popolari,* XIX (1900), fasc. 2°.

Si tratta della novella IX della giornata seconda del *Decameron.* **708**

1900. **Petraglione G.**, Sulle novelle di Anton Francesco Doni. — *Trani,* 1900, in-8.

A p. 40 e segg. si parla della diffusione del motivo che è in *Decameron,* IV, 2. **709**

1900. **Rajna Pio,** Le fonti dell'Orlando Furioso. Seconda edizione. — *Firenze,* 1900.

L'indicazione dei riferimenti al Boccaccio è data al n. 252 bis. **710**

1900. **Rossi Eugenio,** Dalla mente e dal cuore di Giovanni Boccaccio. (Per la storia del *Decameron*). — *Bologna, Zanichelli,* 1900, in-8.

Cfr. *Giorn. stor. della letter. it.,* 1900, p. 418 e segg.

[Introduzione. Dal *Filocopo* al *Decameron. Maioris coactus imperio.* La divulgazione del *Decameron*]. **711**

1900. **Rossi Vittorio,** Storia della letteratura italiana per uso dei Licei. Vol. I (Il Medioevo). — *Milano, Vallardi,* 1900, in-8.

Vedi il cap. XI (pp. 211-234): Il Boccaccio. [1. Considerazioni generali sull'avviamento della letteratura a mezzo il secolo XIV — 2. La vita del Boccaccio sino al 1351 — 3. Il *Filocolo* — 4. Il *Filostrato,* la *Teseide* e il *Ninfale fiesolano* — 5. L'*Ameto* e l'*Amorosa Visione* — 6. La *Fiammetta* — 7. Il *Decameron.* La cornice — 8. Gli argomenti, le fonti e il carattere generale delle novelle — 9. Varietà di figure. La società elegante e colta nel *Decameron* — 10. La società plebea — 11. L'eroico, il tragico e — 12. il comico nel *Decameron* — 13. La politica e il sentimento religioso — 14. Lo stile. La moralità. Il *Decameron* e la *Divina Commedia* — 15. Vita del Boccaccio dopo il 1351. Il *Corbaccio* — 16. Gli studi classici e le opere latine — 17. La visita del Ciani e gli ultimi anni del B. — 18. Studi danteschi — 19. La morte.] **712**

1900. **Savj-Lopez P.,** Sulle fonti della " Teseide „.

In *Giorn. stor. della letter. it.,* XXXVI (1900), p. 57 e segg. **713**

1900. **Savorini L.**, La leggenda di Griselda.

In *Rivista abruzzese*, XV (1900), p. 21 e segg.;
123 e segg.; 399 e segg.; 460 e segg.; 515 e segg.
Per la novella boccaccesca, X, 10.     **714**

1900. **Scarano Nicola**, Fonti provenzali e italiani della
lirica petrarchesca.

In *Studi di filologia romanza*, VIII (1900), p.
250 e segg.

Nega che i *Trionfi* dipendano dall'*Amorosa Visione* del Boccaccio.     **715**

1900. **Schöningh D.**, Die Göttergenealogien Boccaccios.
— *Posener Programmabhandlung*, 1900.     **716**

1900. **Segrè Carlo**, Petrarca e il giubileo del 1350.

In *Nuova Antologia*, serie IV (vol. LXXXVII),
1900, p. 260 e segg. Vedi ripubblicato questo scritto in *Studi petrarcheschi*. — *Firenze, Succ. Le
Monnier*, 1903, in-16.

Si parla dell'incontro e della prima amicizia del
Boccaccio col Petrarca.     **717**

1900. **Segré Carlo**, Chaucer e Boccaccio.

In *Fanfulla della Domenica*, XXII (1900), p. 47.
     **718**

1900. **Toynbee Paget**, Seneca morale.

In *Giorn. stor. della letter. it.*, XXXV (1900),
p. 334 e segg.

Parla anche dello sdoppiamento di Seneca (*tragedo e morale*) fatta, in un certo tempo dal Boccaccio.     **719**

1900. **Toynbee Paget**, Benvenuto da Imola and the
Iliad and Odyssey.

In *Romania*, vol. XXIX (1900), n. 115.

Tratta dalla parte che il Boccaccio ha avuto
nella conoscenza che Benvenuto da Imola ebbe
d'Omero.

Cfr. *Bull. della Società dant.*, nuova serie, VIII, pp. 36-37. **720**

1900. **Turri Vittorio,** Dizionario storico manuale della letteratura italiana (1000-1900) compilato ad uso delle persone colte e delle scuole. — *Torino-Roma-Milano-Firenze-Napoli, Ditta G. B. Paravia e C.*, 1900, in-8.

Vedi gli articoli *Boccaccio* (pp. 37-40) e *Decameron* (pp. 87-89) con relativa bibliografia. **721**

1900. **Vossler Karl,** Italienische Litteraturgeschichte. — *Leipig, Goeschen*, 1900.

Vedi la parte relativa al Boccaccio in genere. **722**

1900. **Vossler Karl,** Poetische Theorien in der italienischen Frührenaissance. — *Berlin, Felber*, 1900.

Cfr. *Bulletin italien*, I, (1901), pp. 162-163.

Sul Boccaccio e la poesia. **723**

1900. **Wendreiner R.,** Das Volk in der altitalienischen Novelle.

In *Beilage zur Allgemeinen Zeitung*, 1900, n. 195.

Per il *Decameron*. **724**

1900. **Wiese Berthold** und **Pércopo Erasmo,** Geschichte der italienischen Litteratur von den ältesten Zeiten bis zur Gegenwart. Mit 158 Abbildungen im Text und 39 Tafeln in Farbendruck, Holzschnitt und Kupferätzung. — *Leipzig und Wien, Bibliogr. Instit.*, 1900, in-8.

Il § IV tratta del Boccaccio. **725**

1900. **Woodbridge E.,** Boccaccio's defence of poetry, ascontained in the XIV book of the " de Genealogia deorum „.

In *Publications of the modern language association of America*, XIII (1900), fasc. 3°. **726**

— 124 —

1900. **Zenatti Oddone,** Dal commento del Boccaccio
sopra la " Commedia „ di Dante. Letture scelte. —
*Roma, Soc. edit. Dante Alighieri,* 1900.

Recens. in *Bull. della società dant. it.,* nuova
serie, VII, p. 332, e in *La Biblioteca delle scuole
it.,* a. IX, n. 5. **727**

1901. **Appel Carl,** Die *Triumphe* Francesco Petrarcas
in˘kritiscem Texte herausgegeben. — *Halle, Niemeyer,* 1901, in-8.

In un capitolo si tratta dell'influenza esercitata
sui *Trionfi* dall'*Amorosa Visione* del Boccaccio.
**728**

1901. **Cochin Enrico,** Boccaccio. Traduzione di D. Vi-
TALIANI. — *Firenze, Sansoni,* 1901, (con qualche
notarella aggiunta dalla Direzione della *Biblioteca
critica della letter. it.,* di F. TORRACA, di cui forma la dispensa n. 40). **729**

1901. **Cochin Enrico,** Un amico del Petrarca. Le lettere di Francesco Nelli al Petrarca. — *Firenze,
Succ. Le Monnier,* 1901.

(Fa parte della *Biblioteca petrarchesca* diretta
da G. BIAGI e G. L. PASSERINI).

Per l'amicizia del Boccaccio col Petrarca e col
Nelli. **730**

1901. **Crescini Vincenzo,** Appunti boccacceschi.

Tra le *Varietà filologiche* pubblicate negli *Atti
del R. Istit. veneto di scienze, lettere ed arti,* LX
(1901), (E in estratto, *Venezia, tip. Ferrari,* 1901).

Per la composizione della *Teseide.*

Cfr. anche la recensione di P. SAVJ-LOPEZ in
*Giorn. stor. della letter. it.,* XXXVIII (1901),
pp. 448-449. **731**

1901. **Crocioni G.,** La più antica redazione italiana del
cantare di Fiorio e Biancofiore nel codice Veliterno
K. IV. 1.

In *La Favilla* di Perugia, VI, 152.

Sembra il più antico e compiuto testo italiano della leggenda, che interessa per il *Filocolo* del Boccaccio.

Cfr. *Giorn. stor. della letter. it.*, XL, 274. **732**

1901. **Davidsohn R.**, Forschungen zur Geschichte von Florenz. Dritter Theil. — *Berlino*, 1901.

A pp. 172, 182, 184, 187, 253 si trovano documenti interessanti il padre del Boccaccio. **733**

1901. **De Bartholomaeis V.**, Un frammento bergamasco e una novella del "Decamerone".

In *Scritti vari di filologia dedicati dagli scolari ad E. Monaci per l'anno XXV del suo insegnamento.* — *Roma, Forzani*, 1901.

Per l'antico favolello bergamasco edito dallo Zerbini e Lorck (*Giorn. stor. della letter. it.*, VII, (158 e XXIII, 432) e il *Decameron*, VII, 5. **734**

1901. **De Maria U.,** Dell'Asino d'oro di Apuleio e di varie sue imitazioni nella nostra letteratura. — *Roma*, 1901, in-8.

A p. 17 e segg. esamina anche le novelle del *Decameron*, VII, 2 e V, 10 in relazione all'*Asino d'Oro* e ad altre imitazioni. **735**

1901. **Fitzmaurice-Kelly Jaime,** Historia de la literatura española desde los origenes hasta el año 1900, (traduzione dall'inglese di Adolfo Bonilla y S. Martin e prefazione di M. Menéndez Y Pelayo. — *Madrid*, 1901, in-16.

L'edizione originale *A history of spanish literature* è di Londra, 1898.

Vedi l'indice delle materie per il Boccaccio e la letteratura spagnuola (Piero López de Ayala traduttore del *de Casibus*, Alfonso Martinez de Toledo imitatore del *Corbaccio*, Alvar Gómez, Lope de Rueda ecc.). **736**

1901. **Fresco Ulisse,** Le commedie di Pietro Aretino.
— *Camerino, tip. Savini,* 1901, in-8.

Recens. di Adelkader Salza in *Giorn. stor. della letter. it.,* XL, p. 416 e segg.

Per raffronti tra il *Marescalco* dell'Aretino, la *Moschetta* del Ruzante e il *Corbaccio* del Boccaccio. Fonti boccaccesche (*Decameron*) dell' *Ipocrito* e del *Filosofo* dell'Aretino. **737**

1901. **Gebhart Èmile,** Conteurs florentins du moyen âge. — *Paris, Hachette,* 1901.

Tre capitoli si riferiscono al Boccaccio novelliere: Cap. II. Boccace. Le prologue du *Décaméron* et la Renaissance (p. 65). — III. Boccace. La Comédie italienne (p. 117). — IV. Boccace. Les drames du *Décaméron* (p. 175). **738**

1901. **Giannone T.,** Una novella del Boccaccio e un dramma del Lessing. Studi di critica letteraria. — *Agnone, tip. Sannitica,* 1901, in-8.

È la novella boccaccesca delle *Tre anella* (*Decameron,* I, 3) e il dramma *Nathan il Savio.*

Articolo già comparso nella *Rivista abruzzese,* XV, p. 32 e segg. **739**

1901. **Hauvette Henri,** Recherches sur le " De Casibus virorum illustrium „. — *Paris, Allan,* 1901. (Estr. dal volume miscellaneo di scritti di storia di critica letteraria e di filosofia " *Entre camarades „* pubblicato da antichi alunni della Facoltà di Lettere di Parigi).

Si tratta delle redazioni del *De Casibus.* **740**

1901. **Hauvette Henri,** Une confession de Boccace · " Il Corbaccio „.

In *Buletin italien,* I (1901), fasc. 1°.

Esamina l'importanza biografica e psicologica del *Corbaccio.* **741**

1901. I due felici rivali; commedia inedita di **Jacopo Nardi**, per cura di A. FERRAJOLI. — *Roma*, 1901. [Nozze Pizzirani-Sterbini].

Per l'imitazione del *Decameron*, VI, 5.    **742**

1901. In memoria di Giuseppe Ferrara nel terzo anniversario della sua morte. — *Palermo*, 1901.

Vittorio Cian dà un saggio della dissertazione che il Ferrara preparava sull'*Amor di virtù*, dramma in cui una monaca del XVI secolo spiritualizzava il *Filocolo*.    **743**

1901. **Kerbaker Michele**, La leggenda epica di Rishyasringa.

In *Raccolta di studî critici dedicati ad Alessandro d'Ancona festeggiandosi il XL anniversario del suo insegnamento*. — *Firenze, Barbèra*, 1901.

È il motivo del giovinetto segregato conosciuto da noi per il *Novellino* e il *Decameron* (introduzione alla giornata quarta)    **744**

1901. **Le Bourdelles Raymond**, G. Leopardi; Lord Byron en Suisse, en Italie et en Grèce; Boccace, l'Arioste. — *Paris, Pedone et Fontemoing*, 1901.    **745**

1901. **Liese Dr.**, Der altfranzösische Roman " Athis et Prophilias „ vergliechen mit einer Erzählung von Boccaccio. — *Görlitz*, 1901 (Programma della scuola reale di Görlitz).

Si tratta del *Decameron*, X, 8.    **746**

1901. **Manicardi Luigi** e **Massèra A. Francesco.** Introduzione al testo critico del Canzoniere di Giovanni Boccacci, con rime inedite. — *Castelfiorentino, La Soc. stor. d. Valdelsa editrice*, 1901. (Fa parte della *Raccolta di studi e testi valdelsani* diretta da OR. BACCI).

Recens. in *Giorn. stor, della letter it.*, XL, p.

244 e di V. Crescini in *Rassegna bibliogr. della letter. it.*, IX, 38 e segg. **747**

1901. **Manicardi Luigi** e **Massèra A. Francesco,** Le dieci ballate del " Decameron „.

In *Miscellanea storica della Valdelsa*, IX (1901), p. 25 e segg.

Recens. di V. CRESCINI in *Rassegna bibliogr. della letterat. it.*, X, p. 38 e segg. **748**

1901. **Martini Felice,** Nuovo manuale di letteratura italiana con esempi e annotazioni. Vol. II. — *Roma, A. Fiocchi editore*, 1901, in-8.

Vedi il cap. II (pp. 37-47): Giovanni Boccaccio. Sua vita. Opere minori in volgare. Il *Decamerone*. Giudizi del Parini e di altri. Il Boccaccio promotore e precursore dell'Umanesimo. Opere latine.

**749**

1901. **Mini Giovanni,** Il libro d'oro di Firenze antica.

In *Giornale araldico-genealogico-diplomatico* XXVIII, ottobre-novembre 1901, p. 156.

Interessa la famiglia del Boccaccio, parlandovisi della provenienza dei Chellini. **750**

1901. **Monnier Philippe,** Le Quatrocento. Essai sur l'histoire littéraire du XV siècle italien. Due volumi. — *Paris, Perrin et C.ie*, 1901.

Nel lib. I, cap. III: Pétrarque, Boccace et la *Defensione delle donne*. Nel lib. II, cap. II : Les successeurs immédiats de Pétrarque: Jean Boccace ecc.

**751**

1901. **Morini, T.,** Il prologo del " Decamerone „.

In *Rivista politica e letteraria*, XVI (1901), pp. 103-108.

Rifritture di nessun valore. **752**

1901. **Patrucco C. E.,** La storia nella leggenda di *Griselda*.

In *Piccolo Archivio storico dell'antico marche-
sato di Saluzzo*, I, pp. 3-6.

Per la novella X, 10 del *Decameron*.

Recens. in *Rassegna bibliogr. della letter. it.*,
IX, 331; *Giorn. stor. della letter. it.*, XL, 200; *Li-
teraturblatt für german. und roman. Philologie*,
XVI, 3-4 (del Widmann).                     **753**

1901. **Pellizzaro G. B.**, La commedia del secolo XV.
e la novellistica anteriore e contemporanea in Italia. — *Vicenza, stab. tip. G. Raschi*, 1901, in-8

Recens. di A. Salza in *Giorn. stor. della letter
it.*, XL, p. 360 e segg.

Parla, naturalmente, anche del Boccaccio. **754**

1901. **Perito E.**, Il " Decamerone „ nel " Filosofo „ di
P. Aretino.

In *Rassegna critica della letter. it.*, VI (1901)
p. 17 e segg.

Per imitazione e fusione di tipi che si riscon-
trano in *Decameron*, VII, 8; II, 10; VII, 1; VII,
4; V, 10; VIII, 3; X, 5; VIII, 9.          **755**

1901. **Proto Enrico**, Sulla composizione dei " Trionfi „.
In *Studi di letteratura italiana*, III (1901),
pp. 1-96.

Recensione in *Giorn. stor. della letter. it.*, XL,
280.

Per l'influsso dell'*Amorosa Visione* sui *Trionfi*
del Petrarca.                               **756**

1901. **Rajna Pio**, Una questione d'amore.
In *Raccolta di studî critici dedicati ad Alessandro D'Ancona festeggiandosi il XL anniver-
saria del suo insegnamento*. — *Firenze, Barbèra*,
1901, pp. 553-568.

Per il motivo e la fortuna della 13ª questione
d'amore del *Filocolo*.                     **757**

1901. **Rossi Mario,** L' "Asino d'oro „ di Agnolo Firenzuola. Studio critico. — *Città di Castello, Lapi,*
1901.

> Per lo stile del Boccaccio e l'imitazione fattane
> dal Firenzuola.                                      **758**

1901. **Savj-Lopez P.,** La novella di Prasildo e Tisbina
(*Orlando Innamorato*, parte I, canto XII).

> In *Raccolta di studî critici dedicati ad Ales-*
> *sandro d'Ancona*, 1901, p, 54 e segg.

> Per le fonti boccaccesche di questa novella (*De-*
> *cameron*, X, 5, *Filocolo, Filostrato* e *Teseide*).
> **759**

1901. **Segré Carlo,** Un'eroina del Boccaccio e l' " Ele-
na „ Shakesperiana.

> In *Fanfulla della domenica,* XXIII, 16.

> Rapporti della commedia di Shakespeare *All's*
> *well what ends well* e la giornata terza, novella
> IX del *Decameron*.                                  **760**

1901. **Smith James Robinson,** The Earliest Lives
of Dante translated from the italian of Giovanni
Boccaccio and Lionardo Bruni Aretino. — *New-*
*York, Henry Holt and Company*, 1901, in-8. (Vol.
X della collezione di *Yale Studies in English* di
ALBERT S. COOK).                                       **761**

1901. **Vidossich Giuseppe,** Elementi mitici in un
canto popolare.

> In *Atene e Roma*, IV (1901), p. 91 e segg.

> Si tratta di una filastrocca infantile (Sole, sole
> vieni, L'ha detto il cavalieri) a cui forse allude
> il Boccaccio nel *Decameron*, VIII, 3.               **762**

1902. **Ballmann Otto,** Chaucers einfluss auf das englische drama im Zeitalter der Königen Elisabeth
und der beiden ersten Stuart-Könige.

> In *Anglia, Zeitschrift für Englische Philologie,*
> XXV (1902), p. 2 e segg.

> Per Chaucer e Boccaccio.                             **763**

1902. **Bourland C. B.**, Comedia muy exemplar de la marquesa de Saluzio llamada Griselda del poeta Navarro.

> Nella *Revue hispanique*, IX (1902), pp. 331-354.
> Già pubblicato in raro opuscolo, interessa la fortuna del *Decameron*, X, 10. **761**

1902. **Bryant**, Did Boccaccio suggest the character of Chaucer's Knight?

> In *Modern language notes*, XVII, fasc. 8°.
>
> **765**

1902. **Burdach K.**, Zum Ursprung der Salomo-Sage.

> In *Archiv für das Studium der neueren Sprachen und Litteraturen*, CVIII, fasc. 1°-3°.
> Per il *Decameron*, IX, 9. **766**

1902. **Cannizzaro T.**, Il lamento di Lisabetta da Messina e la leggenda del vaso di basilico. — *Catania, Battiato*, 1902.

> Per *Decameron*, IV, 5. **767**

1902. **Cavazzuti G.**, Lodovico Castelvetro. — *Modena*, 1902.

> Vedi le pp. 164-9 e 187 8, per la critica boccaccesca del Castelvetro. **768**

1902. **Conti Giuseppe**, Fatti e aneddoti di storia fiorentina (sec. XIII-XVIII). — *Firenze, Bemporad*, 1902, in-8.

> Recens. di A. Gherardi in *Arch. storico it.*, 1902.
> Cap. IX. La morte di Lorenzo Acciaiuoli, di cui parla un'epistola del Boccaccio. **769**

1902. **Cook Albert S.**, The opening of Boccaccio's Life of Dante.

> In *Modern Language notes*, XVII (1902), pp. 276-9.
> Ravvicina un passo di Cicerone e di Stobeo a uno della Vita di Dante del Boccaccio. **770**

1902. **Crescini Vincenzo**, Di due recenti saggi sulle liriche del Boccaccio. — *Padova, Randi*, 1902.

(Estr. dagli *Atti e Memorie della R. Accademia di Padova*, vol. XVIII). **771**

1902. **Della Torre Arnaldo**, Storia dell'Accademia platonica di Firenze. — *Firenze, Carnesecchi*, 1902, in-8 gr. (Fa parte delle pubblicazioni del R. Istituto di Studî Superiori di Firenze).

A pp. 164-171: Festevoli brigate in Firenze rappresentate nel *Trionfo della Morte* nel *Filocolo* e nel *Decamerone*. **772**

1902. **Di Francia Letterio**, Franco Sacchetti novelliere. (Estr. dagli *Annali della R. scuola Normale sup. di Pisa*). — *Pisa, Nistri*, 1902 in-8.

Recens. in *Giorn. stor. della letter. it.*, XLIII, p. 78 e segg.

Per le simiglianze tra il *Decamerone* e il *Trecentonovelle* e le relazioni del B. col Sacchetti, vedi il rimanente dell'indice. **773**

1902. **Einstein Lewis,** The italian Renaissance in England. — *New-York, The Columbia University Press*, 1902, in-8.

Parla anche dell'influenza del Boccaccio sulla letteratura inglese.

Recens. di A. Farinelli in *Giorn. stor. della letter. it.*, XLIII, 362-400. **774**

1902. **Flamini Francesco,** Compendio di storia letteraria italiana ad uso delle scuole secondarie. Seconda Edizione. — *Livorno, R. Giusti*, 1902, in-16.

Per la parte relativa al Boccaccio in genere, vedi il Cap. II. La 5ª ed. del 1905. **775**

1902. **Flamini Francesco**, Il Cinquecento. — *Milano, Vallardi*, 1902, in-8.

Vedi per i rimandi l'indice generale delle materie: Fama e imitazioni del Boccaccio.

Si parla del Bembo, di Gianfrancesco Fortunio, di Niccolò Liburnio, A. Fr. Grazzini, A. Cammelli, L. Ariosto, J. Nardi, B. Dovizi, G. M. Cecchi, P.

Aretino, Girolamo Parabosco, Giovanni de la Taille, Jacopo Caviceo, N. Franco, Lodovico Corfino, A. Firenzuola, Luigi Da Porto, Pietro Fortini, A. F. Doni, G. Fr. Straparola, Aloise Cinzio de' Fabrizî, G. Della Casa, Maria Equicola, Bartolomeo Cavalcanti, Sebastiano Erizzo, Pier Vettori, V. Borghini, J. Corbinelli, Madame Jeane Flore, La Sale, La regina di Navarra, Nicola di Troyes, Antonio de Saint-Denis, Des Periers, Painter, Fenton, Roberto Smyth, Roberto Greine, Barnaba Riche. **776**

1902. **Fogolari G.**, La leggenda di San Giuliano. Affreschi della seconda metà del sec. XIV nel Duomo di Trento.

In *Tridentum*, V (1902), fasc. 10°, pp. 433-444. La leggenda interessa il *Decameron* II, 2. **777**

1902. **Hecker Oscar**, Boccaccio-Funde. Stücke aus der bislang verschollenen Bibliothek des Dichters darunter von seiner Hand geschriebenes Fremdes und Eigenes. — *Braunschweig, G. Westermann,* 1902, in-8.

Recens. di H. Hauvette in *Giorn. stor. della letter. it.*, XLII, p. 199 segg. di E. Rostagno in *Bull. della soc. dant. it.*, nuova serie, IX, 317, ecc.

[Kap. I: Boccaccios Bibliothek — Anhang: Das an Petrarca gesandte Dante—Carmen Boccaccios. Kap. II: Aufgefundene Bücher und Autographen Boccaccios. *Anhang*: Zum Wortlaut und Inhalt des Inventars der Parva libreria. Kap. III. Ein original der Eklogen Boccaccios. — *Anhang*: Die XIV Ekloge. Kap. IV: Ein Original der Genealogia deorum Boccaccios. *Anhang*: Die Prooemia, Lib. XIV, und Lib. XV, sowie die Conclusio der Genealogia deorum im Wortlaut des Originals der Laurenziana.]

Il nostro indice per materie rimanda anche ai soggetti trattati incidentalmente nelle note. **778**

1902. **Lafoscade Léon,** Le Théâtre d'Alfred de Musset. — *Paris, Hachette,* 1902, in-8.

Vedi il cap. IV (pp. 127-167) intit. *L'influence
italienne* (Le Conte: Boccace), e l'Appendice IV
(pp. 402-406): " Extrait d'un conte de Boccace (X, 7)
intéressant pour l'étude de " Carmosine „. **779**

1902. **Lehrs Max,** Der Meister der Boccaccio-Bilder.
In *Jahrbuch der Königlich preussischen Kunst-
sammlungen,* vol. XXIII (1902), fasc. 1°, pp. 124-
141.

A p. 136: Das Werk des Meisters der Boccac-
cio-Illustrationen [1-9 Die Illustrationen zu Boccaccio " De Casibus virorum illustrium „. — 10 Die
Verklärung Christi]. **780**

1902. **Mascetta-Caracci L.,** Shakespeare e i classici
italiani a proposito di un sonetto di Guido Gui-
nizzelli: saggio. — *Lanciano,* 1902.

Per riscontri col Boccaccio. **781**

1902. **Melodia Giov.,** Difesa di Francesco Petrarca.
Nuova edizione. — *Firenze, Succ. Le Monnier,*
1902, in-16. [Fa parte della *Biblioteca Petrarchesca* diretta da G. Biagi e G. L. Passerini).

Per Petrarca, Boccaccio e Dante. **782**

1902. **Mengin Urbain,** L'Italie des romantiques. —
*Paris, Plon,* 1902, in-8.

Ricorda il poemetto del Keast in cui si rifà la
storia d'Isabella da Messina (*Decameron,* IV, 5).
**783**

1902. **Monaci Ernesto,** La novella di Griselda secondo un manoscritto non ancora illustrato del Decamerone. — *Perugia, Unione tip. cooperativa,* 1902.
(Nozze Tommasini-Brown).

È tratta da un codice della Biblioteca Chigiana di Roma. **784**

1902. **Moroncini Francesco,** Lezioni di Storia della letteratura italiana desunte dalle opere di F. De Sanctis e adattate ad uso delle scuole secondarie, Vol. I. — *Napoli, Morano,* 1802, in-8.

Vedi la parte relativa al Boccaccio. **785**

1902. **Neri Ferdinando,** Federico Asinari conte di Camerano, poeta del secolo XVI. — *Torino, Clausen,* 1902. (Estr. dalle *Memorie della R. Accademia delle Scienze di Torino*).

Per i rapporti fra la tragedia *Tancredi* dell'Asinari e il *Decameron* IV, 1. **786**

1902. **Pitré Giuseppe,** Il paternostro di San Giuliano.

In *Archivio per lo studio delle tradiz. popolari,* XXI (1902), pp. 3-10.

Versioni siciliane della preghiera a San Giuliano ospitaliere, che interessa anche il *Decameron* II, 2. **787**

1902. **Poggi Giovanni,** Una lettera inedita di Giacomo Leopardi e il salotto fiorentino di Carlotta Lenzoni, nata Medici.

In *Rivista d' Italia,* novembre 1902, p. 806 segg.

Per la casa del Boccaccio in Certaldo, di proprietá Lenzoni. **788**

1902. **Rajna Pio,** L'episodio delle questioni d'amore nel " Filocolo „ del Boccaccio.

In *Romania,* XXXI (1902), pp. 28-81.

Per i rapporti tra il *Filocolo* e il *Decameron,* per la fortuna delle *Questioni d'amore* in Spagna, Francia e Inghilterra, e pei riscontri generici e specifici a due delle novelle del *Filocolo* che entrarono poi nel *Decameron* (X, 5 e X, 4). Vedi anche la spiegazione del titolo *Decameron.* **789**

1902. **Roschdestweusks P. A.,** Anime triste. Nel volume " Pod snamenem nauki „ (sotto le insegne della scienza) edito in onore di Nicola Storoschenko. — *Mosca, Stab. tip. Vassiliew,* 1902.

Sul *Commento* del Boccaccio, fonte di altri commenti antichi e moderni.                    **790**

1902. **Rostagno Enrico,** Tacitus. Cod. Laurentianus Med. 68 II phototypice editus. — *Lugd. Batavorum,* 1902.

Per il Tacito scoperto e forse involato dal Boccaccio.                    **791**

1902. **Sabbadini Remigio,** L'anomalia e l'analogia nell'ortografia latina.

In *Rivista di Filologia e d' Istruzione classica,* XXXI (1902), fasc. 1º.

Si parla anche delle abitudini ortografiche del Boccaccio.                    **792**

1902. **Sanvisenti Bernardo,** I primi influssi di Dante, del Petrarca e del Boccaccio sulla letteratura spagnuola, con appendici di documenti inediti. — *Milano, Hoepli,* 1902, in-8.

Cap. I. I precedenti storici e letterari. [Limiti del nostro studio : Dante, il Petrarca e il Boccaccio nel Quattrocento].

Cap. VIII. L'influsso del Boccaccio. [Il libro di Alvaro de Luna sulle *claras mujeres :* suo esame, come e quanto sia confrontabile col *de claris mulieribus* del Boccaccio. — Il de Luna ha tolto l'idea del volume dal Boccaccio, ne ha tenuto spesso presente l'opera, che talvolta traduce — La letteratura misogina — Come il de Luna ne faccia parte — Gli accusatori spagnuoli delle donne — Il Talavera — Jaume Roig — Analisi del *Corbacho* e del *Libro de concells;* confronto di essi col *Corbaccio* — Il Torrella, il Mexia, il Castillejo — Come il Boccaccio abbia cooperato al sorgere di questa letteratura pro e contro le donne: Diego de Valera, Joan de Spinosa, Cristoval de Acosta —

Maggior intensità della coltura italiana — Rapporti di questi scrittori col Boccaccio — Quale sia l'influsso del Certaldese e come egli sia inteso nel quattrocento — Rodriguez del Padron; suo particolar modo d'imitazione rispetto all'italianismo ; sue opere].

Vedi pure l'Appendice II (pp. 395-415): Il codice della " Fiammetta „ catalana, e del cap. IX (I cultori del Petrarca): La *historia de Valter* e *de la pacient Griselda* (trad. del Metge). Cfr. anche, per altri rimandi, l'indice dei nomi.          **793**

1902. **Stiefel A. L.,** Zu den Quellen der Fabeln und Schwänke des Hans Sachs.

In *Studien zur vergleichende Litteraturgeschichte*, II, fasc. 2⁰.

Per H. Sachs e Boccaccio.          **794**

1902. Strenna dantesca compilata da O. BACCI e G. L. PASSERINI. — *Firenze, Sansoni,* 1902, anno I.

Per il sonetto del Boccaccio a Dante: "Dante Alighieri son ... „.          **795**

1902. **Toldo Pietro,** Études sur le théâtre comique français du moyen âge et sur le rôle de la nouvelle dans les farces et dans les comédies.

In *Studi di filologia romanza*, n. 25 (1902).

Fonti comuni del Boccaccio e della commedia francese. Fortuna del Boccaccio.          **796**

1902. **Torretta Laura,** Il " Liber de claris mulieribus „ di Giovanni Boccaccio.

In *Giorn. stor. della lett. it.,* XXXIX (1902), pp. 252-292 e XL (1902) pp. 35-65.

Lo scritto è diviso in quattro parti: I. Il " *Liber de claris mulieribus* „ — II. I fonti del " *Liber de claris mulieribus* „ III. I traduttori ecc. IV. I plagiari, gli imitatori, i continuatori del *Liber de claris mulieribus.*          **797**

1903. **Albini Giuseppe,** Dantis Eclogae, Ioannis de Virgilio Carmen et Ecloga responsiva. Testo, commento, versione... con la fotografia di una pagina dello zibaldone boccaccesco laurenziano. — *Firenze, Sansoni,* 1903, in-8. (Biblioteca di opere inedite e rare di ogni secolo della Letteratura italiana). Recensione di E. G. Parodi in *Bullett. della società dant. it.,* nuova serie, XI, fasc. 4°-5°, pp. 136-143.

Per l'autografo boccacesco XXIX, 8.   **798**

1903. **Arullani Vittorio Amedeo,** Pei regni dell'arte e della critica. Nuovi saggi. — *Torino-Roma, Roux e Viarengo,* 1903, in-16.

A pp. 55-67: Le rime del Boccaccio. (Il Boccaccio non è privo d'originalità nei versi di amore; e non sempre è ligio al Petrarca).   **799**

1903. **Auer Johannes,** Walter Savage Landor in Seinen Beziehungen zu den Dichtern des Trecento Dante, Boccaccio, Petrarca. — *Rheydt, Th. Buresch,* 1903, in-8. (Dissert. inaug. Münster).  **800**

1903. **Battaglia Amleto,** Studi letterari. — *Brescia, tip. edit. F. Apollonio,* 1903.

Vedi, per il Boccaccio, lo studio: "In quali generi e per quali doti appariscono specialmente insigni gli scrittori di prosa del secolo XIV„.  **801**

1903. **Baxmann E.,** Middletons Lustpiel "The widow„ und Boccaccios Decam., III, 3 und. II, 2. — (Dissert di laurea) *Halle,* 1903.   **802**

1903. **Beer Rudolf,** Die Handschriftenschenkung Philipp II an des Escorial vom Jahre 1576 nach einem bisher Unveröffentlichten Inventar des Madrider Palastarchivs [Parte 2ª delle Quellen zur Geschichte der Kaiserlichen Haussammlungen und der Kunstbestrebungen des Allerdurchlauchtigsten Erzhauses].

In *Jahrbuch der Kunsthistorischen Sammlungen des Allerhöchsten Kaiserhauses*, vol. XXIII
(1903), fasc. 6⁰.

Per la rassegna di manoscritti di opere boccaccesche (*De Casibus, Fiammetta, Novelle* ecc.). **803**

1903. **Belloni Antonio,** Frammenti di critica letteraria. — *Milano*, 1903.

A pp. 241-258: " Sul soggetto della "Ricciarda „
di U. Foscolo „ , attinto alla novella di Gismonda e
Tancredi (*Decameron* IV, 1), con indicazioni di altri
(Ridolfo Campeggi, Giacomo Thomson ecc.) che at-
tinsero dal Boccaccio per lo stesso soggetto. **804**

1903. **Bertino Giovanni,** Gli Hecatommithi di G. B.
Giraldi Cinthio. Saggio critico-estetico. — *Sassari, tip. G. Gallizzi e C.*, 1903, in-8.

Per la fortuna del *Decameron*. **805**

1903. **Bertino Giovanni,** Le diverse redazioni della
Novella dei tre anelli.

In *Spigolature letterarie.* — *Sassari, Scanu,*
1903.

Per la novella III della prima Giornata del *Decameron.* **806**

1903. **Betz Louis P.,** Griseldissage in Dicht. und Ton-
kunst.

In *Neue Züricher Zeitung,* 1903, n. 64.
Per *Decameron* X, 10. **807**

1903. **Borghesi Peter,** Boccaccio and Chaucer. — *Bologna, Zanichelli,* 1903, in-8.

(Cfr. P. Bellezza in *Giorn. stor. della letter. it.,*
XLIII, 418).

[Introduction — Political events — General re-
marks on the English literature of the XIV Century — The *Roman de la Rose* — Chaucer abroad
— Italian influence — Rhyme royal — The *Te-*

*seide* — The *Filostrato* — The Canterbury Tales
— The *Decameron* — The Clerk's Tale — Boccaccio's Latin works (*De clar. mulier* e *De Casibus*) — Dramatic power — Chaucer's influence —
A Comparison — Conclusion.]                    **808**

1903. **Cochin Henry,** Le frère de Pétrarque et le livre
"du Repos des Religieux „. — *Paris, Bouillon,*
1903. (Tomo IX della *Bibliothèque littéraire de la
Renaissance* dirigée par P. DE NOLHAC et L. DO-
REZ e già comparso nella *Revue d'hist. et de littérat.-religieuses,* VI (1901), pp. 42, 151, 495 e VII
(1902), p. 27 sgg.).

> Per le relazioni tra Boccaccio, il Petrarca e il
> fratello di questi Gherardo.                **809**

1903. **Crescini Vincenzo,** Giovanni Boccaccio.

> In *Kritiscer Jahresberichte über Fortschritte
> der Roman. Philologie,* V (1903), p. 285 sgg.

> Rassegna dei lavori boccacceschi degli anni
> 1897-98.                                     **810**

1903. **D'Ancona A. e O. Bacci,** Manuale della letteratura italiana. Nuova edizione interamente rifatta.
— *Firenze, G. Barbèra,* 1903.

> A pp. 578-593 sul Boccaccio in genere.       **811**

1903. **Emanuele Angelo,** Virtù d'amore di suor Beatrice del Sera. — *Catania, F. Tropea editore,*
1903.

> Per la riduzione a dramma e spiritualizzazione
> del *Filocolo* del Boccaccio                 **812**

1903. **Finzi Giuseppe,** Sommario di Storia della letteratura italiana compilato ad uso delle scuole secondarie. 7[a] edizione migliorata e arricchita di
cenni sopra lo svolgimento della civiltà e delle
arti. — *Torino, Loescher,* 1903, in-8.

> A p. 47. Giovanni Boccaccio. 1. Cenni intorno
> alla vita del Boccaccio. — 2. Il *Decamerone.* —

3. Le altre opere del Boccaccio in verso e in prosa:
(È, con con poche varianti, la riproduzione del-
l'edizione del 1885).                                    **813**

1903. **Fischer R.**, Zu dem Kunstformen des mittelalterlichen Epos. Hartmann Iwein, Das Nibelungenlied, Boccaccio's Filostrato, und Chaucers Troylus
und Cryseide.

In *Wiener Beiträge zur Englischen Philologie,*
vol. IX.                                                **814**

1903. **Fogolari G.**, Ancora della leggenda di San Giuliano negli affreschi del duomo di Trento.

In *Tridentum,* VI, 2, e aggiunte *Ivi,* VI, 12.

Per la leggenda che interessa anche il *Decame-*
*ron* II, 2.                                            **815**

1903. **Fresco Ulisse,** Una tradizione novellistica nella
commedia del secolo XVI. — *Camerino, Savini,*
1903.

Per l'influenza che il Boccaccio può avere avuto,
con le figure di Calandrino e di messer Simone,
sulla formazione del tipo del *dottor Graziano.*

**816**

1903. **Frittelli Ugo,** "Amusus Cuccagnae innamora-
tus „.

In *Memorie Valdarnesi,* serie II, fasc. 10°.

Richiama l'analogia del paese di Cuccagna di
un poemetto maccheronico con la nota rappresentazione del Boccaccio.                                  **817**

1903. **Garnett R.** e **Gosse E.**, English literature. —
*London, Heinemann,* 1903, volumi 4.

Per la fortuna del Boccaccio in Inghilterra. **818**

1903. **Geròla Giuseppe,** Petrarca e Boccaccio nel
Trentino.

In *Tridentum* VI (1903), fasc. 8°.           **819**

1903. **Gigli Giuseppe,** Di alcuni sonetti del Boccaccio.

In *Miscellanea di studi critici edita in onore*

*di Arturo Graf.* — *Bergamo, Istituto italiano d'arti grafiche,* 1903, in-8, p. 483-490.

Fa vedere come i sonetti VI-XI delle edizioni Baldelli e Moutier, che riporta al 1373, siano collegati fra di loro e si riferiscano alla *lettura di Dante.* **820**

1903. **Hamilton George L.**, The indebtedness of Chaucer's Troilus and Criseyde to Guido delle Colonne's Historia trojana. — *New-York, Columbia University press,* 1903.

Interessa anche il *Filostrato* del Boccaccio. **821**

1903. **Hauvette Henri,** Un chapitre de Boccace et sa fortune dans la littérature francaise.

In *Bulletin italien,* III (1904), fasc. 1⁰.

Per la divulgazione in Francia della storia di Filippa la Catanese (*De Casibus,* Lib. IX). **822**

1903. **Hauvette Henri,** De Laurentio de Primofato, qui primus Joannis Boccacii opera quaedam gallice transtulit ineunte saeculo XV. — *Parigi, Hachette et C.ie,* 1903, in-8.

[1. Quae de Laurentii vita et scriptis tradita sint — 2. Boccacii libros *de Casibus virorum illustrium* semel atque iterum a Laurentio de Primofato gallice translatos quanto favore Galli exceperint — 3. De Boccacii *Centum Novellis,* quae vulgo " Decameron „; inscribuntur, a Laurentio de Primorato gallice translatis — 4. Num Joannis Boccacii liber de *Claris Mulieribus* a Laurentio de Primofato in gallicam linguam conversus sit]. **823**

1903. **Luiso Francesco Paolo,** I concetti generici dell'ermeneutica dantesca nel secolo XIV e l'epistola a Cangrande.

In *Giornale dantesco,* a. XII, quad. 2⁰ e quad. IV-VI.

Per il *Comento* del Boccaccio. **824**

1903. **Manacorda Guido,** Benedetto Varchi: l'uomo, il poeta, il critico. — *Pisa, tip. Succ. Fratelli Nistri,* 1903, in-8.

Per la prosa del Boccaccio. **825**

1903. **Marchesi Gio. Battista,** Romanzieri e romanzi italiani del settecento: studî e ricerche, coll'aggiunta di una bibliografia dei romanzi editi in Italia in quel secolo. — *Bergamo, Istit. ital. d'arti grafiche edit.,* 1903, in-8.

Per la fortuna del *Decameron*. **826**

1903. **Massèra Aldo Francesco,** Le più antiche biografie del Boccaccio.

In *Zeitschrift für roman. Philologie,* XXVII (1903), fasc. 3°.

Si tratta delle biografie del Boccaccio scritte da Filippo Villani, Domenico Bandini, Sicco Polenton, Giannozzo Manetti. **827**

1903. **Mazzoleni Achille,** Aci e Galatea nella letteratura e nell'arte.

In *Rendiconti e memorie della R. Accademia di scienze, lettere e arti degli zelanti. — Acireale,* 1903, serie III, vol. II, p. 103 sgg.

Per le allusioni che il Boccaccio ha fatto nelle sue opere a quei due miti. **828**

1903. **Meyer Paul,** Les manuscrits français de Cambridge.

In *Romania,* XXXII (1903).

Nota e pubblica al n. 15 (pp. 59-62) una redazione francese di una novella del *Decameron,* VII, 7. **829**

1903. **Paris Gaston,** Le conte de la gageure dans Boccace.

In *Miscellanea di studi critici edita in onore di Arturo Graf. — Bergamo, Istit. ital. d'arti grafiche,* 1903, in-8, gr. p. 107-116.

Per *Decameron* II, 9.

Vedi anche in *Romania* XXXII (1903), p. 481
segg. l'articolo di G. PARIS, *Le cycle de la "gageure „*.                                      830

1903. **Paris Gaston,** La poésie du moyen âge. Leçons
et lectures. II<sup>ème</sup> série: deuxième èdition. — *Paris, Hachette et C<sup>ie</sup>*, 1903, in-16.
   Al n. 12: *La parabole des trois anneaux*, che
interessa il *Decameron* I, 3.               831

1903. **Rajna Pio,** Le origini della novella narrata dal
"Frankeleyn „ nei Canterbury Tales del Chaucer.
In *Romania*, XXXII (1903), pp. 204-267.
   Per i rapporti con *Decameron*, V, 5.      832

1903. Regio Archivio di Stato in Siena. La sala della
Mostra ed il Museo delle tavolette dipinte della
Biccherna e della Gabella. — *Siena*, 1903.
   Per l'indicazione della pergamena originale del
testamento del Boccaccio, che si conserva in detto
Archivio.                                       833

1903. **Segrè Carlo,** Studi petrarcheschi. — *Firenze,
Succ. Le Monnier*, 1903, in-16.
   Vedi l'art. *Chaucer e Petrarca* (già comp. nel
1899), che interessa anche il Boccaccio per la *Griselda*.                                         834

1903. **Solerti Angelo,** Autobiografie e vite dei mag-
giori scrittori italiani fino al sec. XVIII narrate
da contemporanei, raccolte e annotate. — *Milano,
Albrighi Segati e C.*, 1903, in-8.
   Comprende: 2. Dante Alighieri. Vita scritta da
Giovanni Boccaccio, 4. Vita di Dante e del Pe-
trarca; notizia del Boccaccio e parallelo dell'Ali-
ghieri e del Petrarca scritto da Leon. Bruni. 5. Giov.
Boccaccio, versione anonima della vita scritta da
Filippo Villani. 1. Giov. Boccaccio, Vita scritta da
Giuseppe Betussi.                               835

1903. **Stiefel A. L.,** Ueber die Quellen der Hans Sach-
sischen Dramen.

> In *Germania*, XXXVI (1903), fasc. 1⁰.
>
> Per le derivazioni dal *Decameron.*          **836**

1903. **Tatlock J. S. P.,** The dates of Chaucers Troilus
and Criseyde.

> In *Modern Philology* di Chicago, ottobre 1903.
>
> Per il Boccaccio e Chaucer.          **837**

1903. **Toldo Pietro,** La conversione di Abraam giudeo.

> In *Giorn. stor. della lett. it.,* XLII (1903), p. 335
> sgg.
>
> Si tratta del *Decameron,* I, 2; il T. riconosce
> alla novella provenienza francese.          **838**

1903. **Traversari Guido,** Di due libri intorno al Boccaccio. — *Castelfiorentino, tip. Giovannelli e Car-
pitelli,* 1903, in-8. (Estr. dalla *Miscellanea storica
della Valdelsa*).

> Sul *Dante e Firenze* di O. ZENATTI e sui *Boc-
> caccio-Funde* dell'HECKER.          **839**

1903. **Wagner Charles Philip,** The sources of "El
cavallero Cifar „.

> In *Revue hispanique,* X (1903), n. 33-34, p. 4
> segg.
>
> Riguarda anche antecedenti e fonti del *Deca-
> meron,* X, 8.          **840**

1903. **Zenatti Oddone,** Dante e Firenze: prose antiche
con note illustrative ed appendici. — *Firenze,
Sansoni* (1903), in-16.

> Recensione di F. Torraca in *Bullett. della soc.
> dant. it.,* nuova serie, X, fasc. 5⁰-6⁰, pp. 125-177.
>
> Contiene: Dante, il Boccaccio e il Petrarca. Il
> carme del Boccaccio al Petrarca. La risposta del
> Petrarca. Trattatello in laude di Dante di Giov.
> Boccaccio. Cenni su Dante e ragione del nome di
> lui dal *Commento.* I libri XIV e XV della *Genea-*

*logia* di Giov. Boccaccio, ristretti e in qualche parte volgarizzati da O. Zenatti ad illustrazione dei capitoli IX-X del *Trattatello in laude di Dante del Boccaccio.* — Nelle lunghe note si toccano molte questioni boccaccesche. **841**

1903-4. **Saitschick Robert,** Menschen und Kunst der italienischen Renaissance. Volumi 2. — *Berlin, Hoffmann,* 1903-1904, in-16.

Un capitolo si riferisce alla importanza del Boccaccio, come fattore e rappresentante del rinascimento italiano. **842**

1904. **Albertazzi Adolfo,** Il Romanzo. — *Milano, F. Vallardi,* 1904, in-8. (Fa parte della Collezione: *Storia dei generi letterari italiani*).

A pp. 18-38. I romanzi del Boccaccio (1338-1342). La tradizione del Boccaccio nel Rinascimento e nell'Età classica (dalla fine del sec. XIV a circa il 1565). **843**

1904. **Amalfi Gaetano,** Un altro novelliere salernitano. — *Salerno, tip. Jovane,* 1904.

Di Nicola Maria Salerno, che nelle sue novelle imitò, per la forma, il *Corbaccio.* **844**

1904. **Anselmi Anselmo,** Nuovi documenti e nuove opere di frate Ambrogio della Robbia nelle Marche.

In *Arte e storia,* XXIII (1904), p. 154.

Per discendenti della famiglia del Boccaccio nelle Marche. **845**

1904. **Arnold Robert F.,** Die Kultur der Renaissance, Gesittung, Forschung, Dichtung. — *Leipzig, Göschen,* 1904.

Per il Boccaccio e l'Umanesimo. **846**

1904. **Bacci Orazio,** Burle e arti magiche di Giovanni Boccaccio.

In *Miscellanea stor. della Valdelsa,* XII (1904), p. 159 sgg. **847**

1904. **Burckhardt Jacob,** Die Kultur der Renaissance in Italien. Ein Versuch von J. Burckhardt. Neunte durchgearbeitete Auflage von LUDWIG GEI-GER. — *Leipzig, Leemann,* 1904, in-8.

Per il Boccaccio e l'Umanesimo. **848**

1904. **Calò Giovanni,** Filippo Villani e il Liber de origine civitatis. Florentie et eiusdem famosis civibus. — *Rocca S. Casciano, Cappelli,* 1904, in-16. (Fa parte delle *Indagini di storia letter. e artistica* dir. da Guido Mazzoni).

Vedi a pp. 142-150 ciò che si dice delle fonti della *Vita di Dante* del Boccaccio, e a pp. 154-155 della Vita del Boccaccio scritta da Filippo Villani. **849**

1904. **Carrara Enrico,** Cecco di Mileto e il Boccaccio. In *Giorn. stor. della letter. it.,* XLIII (1904), fasc. 127⁰, p. 1 sgg.

Per le derivazioni boccaccesche dalla corrispondenza poetica tra Giov. del Virgilio e Dante e in parte dalle egloghe del Petrarca. **850**

1904. **Cesano Amalia,** Hans Sachs ed i suoi rapporti con la letteratura italiana. — *Roma, Officina poligrafica italiana,* 1904.

Vedi l'importante recensione di A. L. STIEFEL in *Arch. für das Studium d. neuer. Sprach. u. Literat.,* CXV (1905), p. 253 e sgg., e in *Literarisches Centralblatt,* n. 38.

Per le derivazioni dal *Decameron.* **851**

1904. **Colasanti Arduino,** Due novelle nuziali del Boccaccio nella pittura del Quattrocento. In *Emporium* XIX (1904), p. 111 sgg.

Per la novella di Griselda (*Decameron* X, 10), quella di Nastagio degli Onesti (*Decameron* V, 8) e il racconto della morte di Porzia tratto dal *De Casibus.* **852**

1904. **Crescini Vincenzo,** La redazione velletrana del cantare di Fiorio e Biancifiore.

>In *Studj romanzi*, 1904, fasc. 2°.

>E la redazione fatta conoscere dal Crocioni (v. sotto). Interessa il *Filocolo* del Boccaccio. **853**

1904. **Crocioni Giovanni,** Il cantare di Fiorio e Biancofiore secondo un manoscritto velletrano.

>In *Miscellanea di letteratura del Medio Evo,* 1904, fasc. 2°.

>Per la leggenda famosa che interessa anche il *Filocolo* del Boccaccio. **854**

1904. **Di Francia Letterio,** Alcune novelle del " Decameron „ illustrate nelle fonti.

>In *Giorn. stor. della letter. it.*, XLIV (1904) p. 1 sgg.

>Sono le seguenti novelle: VII, 2; V, 10; VII, 4; X, 8; IV, 2; VIII, 10; VII, 6; I, 2. **855**

1904. **Ebert W.,** Beaumont's und Fletcher's " Triumph of Love „ und "Triumph of Dieth „ und ihre Quellen. Laurea. — *Halle, Wittenberg,* 1904.

>Le fonti sono il Boccaccio (*Amorosa Visione*) e il Bandello. **856**

1904. **Farinelli Arturo,** Note sulla fortuna del Petrarca in Ispagna nel 400.

>In *Giorn. stor. della letter. it.*, XLIV (1904) pp. 297-350.

>Per la *Griselda* tradotta dal Petrarca, conosciuta e divulgata in Spagna e là creduta opera del Petrarca stesso. **857**

1904. **Foà Arturo,** Per un centenario. Francesco Petrarca.

>In *La Tribuna*, 26 marzo 1904.

>Raffronto tra l'amore, del Petrarca, di Dante e del Boccaccio. **858**

1904. **Galli E.**, Le ville del Petrarca nel Milanese.

> In *Arch. storico Lombardo*, XXXII (1904), fasc. 6⁰, p. 35 sgg.
>
> Per l'amicizia tra il Petrarca e il Boccaccio.

**859**

1904. **Jusserand J. J.**, Histoire littéraire du peuple anglais, Volumi 2. — *Paris*, 1904. Della prima edizione si fece una traduzione inglese (*Londra*, 1895].

> Vedi il volume II, per i rapporti tra il Boccaccio e Chaucer, per l'influenza del Boccaccio sul teatro inglese prima di Shakespeare ecc. **860**

1904. **Kuhns Oscar,** Dante and the english Poets from Chaucer to Tennyson. — *New-York, Henry Holt and Company,* 1904, in-8.

> Recens. di E. G. Parodi in *Bullett. della soc. dantesca it.*, nuova serie, XI, fasc. 9⁰-10⁰, pp. 326-332.
>
> Si parla anche dei rapporti tra Giovanni Lydgate (1375-1431) e il Boccaccio, e dell'influenza del Boccaccio nel rinascimento in Inghilterra. **861**

1904. **Maulde (de) La Clavière R.**, Les femmes de la Renaissance, 2ª edizione. — *Paris, Perrin et Cⁱᵉ*, 1904, in-8.

> La prima edizione è del 1898.
>
> Vedi il cap. V, per qualche accenno al culto del Boccaccio presso le donne del Rinascimento. **862**

1904. **Masellis Nicola,** I due palagi di rifugio e la valle delle donne nel " Decamerone „.

> In *La Rassegna Nazionale*, 16 giugno 1904.
>
> Indicazioni topografiche riguardanti il paesaggio della scena del *Decameron*. **863**

1904. **Novati Francesco,** Il Petrarca e i Visconti, nuove ricerche con documenti inediti.

> Estr. dal fasc. di luglio, 1904 della *Rivista d' Italia*.
>
> Riguarda anche il Boccaccio e i Visconti. **864**

1904. **Papa Pasquale**, Per la barba di Dante.

In *Giorn. dant.*, XII, quad. III-IV.

Interessa anche la *Vita di Dante* del Boccaccio.

**865**

1904. **Parducci Amos**, La leggenda della nascita e della gioventù di Carlo Magno in una nuova redazione.

In *Studj romanzi*, 1904, fasc. 1⁰.

Per la probabile fonte dell'*Urbano* pseudo-boccaccesco. **866**

1904. **Rajna Pio**, Qual fede meriti la lettera di frate Ilario.

Nel volume *Dai tempi antichi ai tempi moderni; da Dante al Leopardi*, pubblicato per nozze Scherillo-Negri. — *Milano, Hoepli*, 1904.

La lettera (contenuta nell'autografo boccaccesco XXIX, 8), pur essendo apocrifa, non è una falsificazione del Boccaccio. **867**

1904. **Rajna Pio**, La lettera di frate Ilario.

In *Studj romanzi*, 1904, fasc. 2⁰.

Riproduce la lettera di sull'autografo boccaccesco, con parecchie considerazioni critiche. **868**

1904. **Ramorino Francesco**, De duobus Persii codicibus qui inter ceteros Laurentianae Bibliothecae servantur.

In *Studi italiani di filologia classica*, XII (1904), pp. 257-260.

Si parla del codice laurenziano Plut. XXXIII, 31, sul quale il Boccaccio ha esemplato il testo di Persio e gli scolii ad esso, di su un codice del sec. X-XI (Laurent. Plut. XXXVIII, 19). **869**

1904. **Rizzi F.**, Le commedie osservate di G. Maria Cecchi e la commedia classica del sec. XVI. Studio critico. — *Rocca S. Casciano, Cappelli*, 1904,

in-16. (Fa parte delle *Indagini di storia letteraria
e artistica* dir. da G. Mazzoni).

Per il Boccaccio e i comici latini; l'influenza
del *Decameron* sulla commedia del '500.　　**870**

1904. **Rocholl R.,** Bessarione, studien zur Geschichte
der Renaissance. — *Leipzig, Deichert,* 1904, in-8.

Per il Boccaccio e l'Umanesimo.　　**871**

1904. **Rossi Vittorio,** Una novella boccaccesca in azio-
ne nel secolo XV.

Nelle *Noterelle d'erudizione spicciola,* pubblicate
nel volume *Dai tempi antichi ai tempi moderni;
da Dante al Leopardi.* — *Milano, Hoepli,* 1904,
p. 419 sgg. [Nozze Scherillo-Negri].

Per il *Decameron,* I, 6.　　**872**

1904. **Rossi Vittorio,** Il Petrarca a Pavia.

In *Boll. della soc. pavese di storia patria,* IV
(1904), fasc. 3, p. 379.

Parla della visita del Boccaccio al Petrarca nel
1365, della versione d'Omero inviata dal Certaldese,
e illustra cinque lettere del Petrarca al Boccaccio.

**873**

1904. **Rossi Vittorio,** Un paragone dantesco e petrarchesco.

Nel numero unico *Padova a Francesco Petrarca nel VI centenario dalla nascita,* 1904.

Per la parte avuta dal Boccaccio nella stima
che il Petrarca ebbe di Dante.　　**874**

1904. **Rossi Vittorio,** Storia della letteratura italiana
per uso dei licei, Volume primo. Il Medio evo, seconda edizione riveduta. — *Milano, Vallardi,* 1904.

[Cap. XI. Il Boccaccio (p. 199-221). 1. Considerazioni generali sull'avviamento della letteratura
a mezzo il sec. XIV. 2. La vita del Boccaccio fino
al 1351. — 3. Il *Filocolo.* — 4. Il *Filostrato,* la
*Teseide* e il *Ninfale fiesolano.* — 5. L'*Ameto* e
l'*Amorosa Visione.* — 6. La *Fiammetta.* — 7. Il
*Decameròn.* La cornice. — 8. Gli argomenti., le

fonti e il carattere generale delle novelle. — 9. Varietà di figure. La società elegante e colta nel *Decam.* — 10. La società plebea. — 11. L'eroico e il tragico e — 12. il comico nel *Decameròn.* — 13. La politica e il sentimento religioso. — 14. Lo stile. La morale. Il *Decameròn* e la *Divina Commedia.* — 15. La vita del Boccaccio dopo il 1351. Il *Corbaccio.* — 16. Gli studi classici e le opere latine. — 17 La visita del Ciani e gli ultimi anni del Boccaccio. — 18. Studi danteschi. — 19. La morte].

Vedi anche il Vol. 2, per il Boccaccio imitato o studiato nel rinascimento ; e il Volume 3, per l'influenza del Boccaccio nell'età moderna. — È uscita ora la terza edizione riveduta (*Milano, Vallardi,* 1905). **875**

1904. **Scherillo Michele,** La vera effige di Dante.
In *Giorn. dant.,* XII, quad. III-IV.
Interessa anche la *Vita di Dante* del Boccaccio.
**876**

1904. **Solerti A.,** Le vite di Dante, Petrarca e Boccaccio scritte fino al secolo XVII. — *Milano, Vallardi,* 1904. **877**

Le Vite del Boccaccio costituiscono la parte terza del volume, e sono le seguenti: 1. Filippo Villani (e versione). — 2. Domenico Bandini. — 3. Leonardo Bruni. — 4. Giannozzo Manetti (e versione). — 5. Sicco Polenton. — 6. Girolamo Squarciafico. — 7. Jacopo Filippo Foresti. — 8. Dalle Aggiunte allo *Speculum historiale.* — 9. Hartmann Schedel. — 10. Giovanni Tritemio. — 11. Giuseppe Betussi. — 12. Francesco Sansovino. — 13. Ludovico Dolce. — 14. Papirio Masson. — 15. Marcantonio Nicoletti. — 16. Alessandro Zilioli.

1904. **Spencer Kennard Giuseppe,** Romanzi e Romanzieri italiani. Volumi due. — *Firenze, G. Barbèra,* 1904 in-8.

Nel vol. I, p. 53 sgg., un raffronto tra la descrizione della peste nel Boccaccio e nel Manzoni.

**878**

1904. **Toynbee Paget,** Omero in Dante e in Benvenuto da Imola.

In *Ricerche e note dantesche, tradotte dall' inglese con aggiunte dell'Autore.* Serie seconda. — *Bologna, Zanichelli,* 1904 (*Bibliot. stor. critica della letter. dantesca* diretta da P. PAPA, II).

È l'articolo, ristampato con aggiunte, comparso già in *Romania,* XXIX, 403-15.

Riguarda la parte avuta dal Boccaccio nella conoscenza che Benvenuto ebbe, per mezzo del Petrarca, d'Omero.

**879**

1904. **Vattasso Marco,** Del Petrarca e di alcuni suoi amici. — *Roma, tip. Vaticana,* 1904 (Studi e Testi, 14).

[Due lettere del Petrarca, una del Boccaccio, quattro di Barbato di Sulmona e una di Niccolò Acciaiuoli, di Nicola e di Napoleone Orsini]. **880**

1904. **Wichsteed Philip,** Boccaccio Giovanni, Life of Dante tr. by Philip Wichsteed. — *Boston, Honghton, Mifflin and C°,* 1904, in-4. **881**

1904. **Wieruszowski K.,** Untersuchungen ueber John Drydens "Boccaccio-Paraphrasen„. (*Laurea, Bonn,* 1905).

Per la *Teseide* del Boccaccio. **882**

1904. **Wiese Bertoldo** e **Pércopo Erasmo,** Storia della letteratura italiana dalle origini ai giorni nostri. — *Torino, Unione tip. edit.,* 1904, in-8.

Vedi Cap. VII (pp. 171-198): Il Boccaccio. Biografia del Boccaccio. Il *Filocolo,* il *Filostrato* e la *Teseide.* Il *Ninfale fiesolano.* L'*Ameto* e l'*Amorosa Visione.* La *Fiammetta* e le rime per Maria d'Aquino. Il *Corbaccio,* le opere latine, la *Vita* e il *Commento* dantesco. Il *Decamerone.* **883**

1904. **Zanutto Luigi,** Carlo IV di Lussemburgo e Francesco Petrarca a Udine nel 1368. — *Udine, tip. del Bianco,* 1904.

Interessa anche un'ambasceria del Boccaccio.

**884**

1904. **Zuccaro Luigi,** Le colonie provenzali della Capitanata.

In *Atti del congresso internazionale di scienze storiche.* — *Roma,* 1904, vol. IV, p. 45 sgg.

Accenna alla versione della nov. 10 della 1ª giorn. in dialetto di Faeto e Celle fatta da Francesco Perrini per la raccolta del Pananti. **885**

1905. **Arullani Vittorio Amedeo,** Nella scia dantesca, alcuni oltretomba posteriori alla Divina Commedia. — *Alba,* 1905.

Per l'influenza di Dante sull'*Amorosa Visione* e sulla novella di Nastagio degli Onesti (*Decameron* V, 8). **886**

1905. **Belardinelli Guglielmo,** La questione della lingua; un capitolo di storia della letteratura italiana. (Da Dante a Girolamo Muzio). — *Roma, tip. Vinc. Amadori e C.,* 1905, in-8.

Per l'influenza della prosa boccaccesca. **887**

1905. **Bella Salvatore,** Manuale di storia della letteratura italiana. Vol. I (Dalle origini allo splendore dell'arte). — *Acireale,* 1905.

Per la parte relativa al Boccaccio in genere.

**884**

1905. **Boghen Conigliani Emma,** Storia della letteratura italiana ad uso delle scuole normali. Volumi 3. — *Firenze, Bemporad,* 1905, in-16.

Per il Boccaccio, in genere, vedi il primo volume. Cfr. pure i rimandi degli altri volumi. **889**

1905. **Cappelletti Licurgo,** Storie e leggende. — *Torino, Bocca,* 1905.

Per la leggenda della papessa Giovanna, accolta anche dal Boccaccio nel *de Claris mulieribus* e nel *de Casibus*. **890**

1905. **Carducci Giosue,** Prose. — *Bologna, Zanichelli,* 1905, in-8.

La sesta prosa: *Dante, Petrarca e il Boccaccio* (1866-67); e la ventesima: *Ai parentali di Giovanni Boccacci* (1875). **891**

1905. **De Gubernatis Angiolo,** Francesco Petrarca. — *Milano, Lib. ed. nazion.,* 1905, in-8.

Cap. VIII (pp. 187-204): Il Petrarca e il Boccaccio. **892**

1905. **De Gubernatis Angelo,** Giovanni Boccaccio: corso di lezioni fatte nell'università di Roma nell'anno 1904-05. — *Milano, lib. edit. Lombarda, A. De Mohr, Antongini e C.,* 1905, in-8.

Parte prima: L'opera giovanile [La figura del Boccaccio nel Trecento — Il "Filocopo „ — L'Ameto — Il Ninfale fiesolano — La Teseide — Il Filostrato — L'Amorosa Visione — Le Rime — La Fiammetta]. Parte seconda: Il Decamerone [Gestazione del Decamerone — La scena del "Decamerone „ — I novellatori e le novellatrici del "Decamerone „ — Le fonti del "Decamerone „ — La storia, il costume e l'avventura personale nel "Decamerone „ — Il Corbaccio]. Parte terza: L'opera senile [Gli studi e l'erudizione del Boccaccio — Il Boccaccio geografo — Il Boccaccio biografo — Il Boccaccio mitografo — Le ultime prose italiane del Boccaccio]. **893**

1905. **De Gubernatis Angelo,** De Sacountala à Griselda, le plus ancien des contes Aryens. — *Roma,* 1905, in-8.

Estr. dalle *Cronache della civiltà elleno-latina,* anno III. **894**

1905. **Della Torre Arnaldo,** La giovinezza di Giovanni Boccaccio (1313-1341). Proposta d'una nuova cronologia. — *Città di Castello, S. Lapi*, 1905, in-16 (*Collezione di Opuscoli danteschi inediti o rari* diretta da G. L. Passerini, 79-82).

[I. Il puerile soggiorno in Firenze fino alla partenza per Napoli — II. Il giorno dell'innamoramento per la Fiammetta — III. L'anno dell'innamoramento per la Fiammetta — VI. Il noviziato di mercante e l'amore per Pampinea ed Abrotonia — V. Il principio degli studî canonici e l'innamoramento per Maria d'Aquino — VI. Maria d'Aquino e la cronologia dell'amore di Giovanni per lei — VII. Il corso degli studî canonici e il quinquennale corteggiamento di Maria. — VIII. L'abbandono degli studî canonici e la conquista dell'amore di Maria. — IX. Il tradimento dell'amata e i rovesci finanziarî del padre — X. La prima seria applicazione agli studî letterarî e il ritorno in Firenze]. **895**

1905. **Della Torre Arnaldo,** L'epistola all'"Amico Fiorentino „.

In *Bullett. della soc. dantesca it.*, nuova serie, vol. XII, fasc. 5⁰-6⁰, pp. 121-174.

Interessa anche il Boccaccio quest'epistola famosa contenuta nel codice Laurent. XXIX, 8. **896**

1905. **De Ossuna Manuel,** Boccaccio, fuentes para el conocimiento de la historia de las islas Canarias en la edad media.

In *Boletin de la R. Academia de la historia*, XLVI, 3.

Interessa il famoso Zibaldone boccaccesco della Magliabechiana. **897**

1905. **Di Francia Letterio,** Studî boccacceschi, un bel caso d'intolleranza critica.

In *La Biblioteca delle scuole italiane*, XI, 9.

Risposta ad ingiuste osservazioni del Wiese (*Zeitschrift für roman. Philologie*, XXVIII, 248) all'articolo del Di Francia su *Alcune Novelle del Decameron illustrate nelle fonti*, (*Giorn. stor. della letter. it.*, vol. 44). **898**

1905. **Farinelli Arturo,** Note sulla fortuna del " Corbaccio „ nella Spagna medievale.

Nei *Baumsteine zur roman. Philologie, Festgate für Adolfo Mussafia zum 15 Februar 1905*, Halle, a. d. S. Max Niemeyer, 1905.

Riguarda anche il misoginisno in genere del Boccaccio. **899**

1905. **Farinelli Arturo,** Note sulla fortuna del Boccaccio in Ispagna nell'età media.

In *Archiv. für das Studium der neueren Sprachen und Literat.* 1905. **900**

1905. **Farolfi Gino,** La tragica e leggendaria storia di Francesca da Rimini nella letteratura italiana. — *Trieste*, 1905. (Programma della scuola reale superiore di Trieste).

Per la storia di Francesca riferita dal Boccaccio nel *Comento*. **901**

1905. **Furno Albertina,** Il sentimento del mare nella poesia italiana. — *Torino-Roma, Paravia*, 1905, in-8.

Per il Boccaccio e Napoli. **902**

1905. **Geiger Eugen,** Hans Sachs als Dichter in seinen Fastnachsspielen im Verhältniss zu seinen Quellen betrachtet. Eine literarhistorische Untersuchung. — *Halle, Max Niemeyer*, 1904, in-8.

Cfr. la recensione di A. L. Stiefel in *Literaturblatt für rom. u. germ. Phil.*, 1905, n. 12 col. 396 sgg. **903**

1905. **Hauvette Enrico,** Una confessione del Boccaccio: Il "Corbaccio „. Traduzione di GIUSEPPE GIGLI. — *Firenze, Fratelli Passerini editori*, 1905.

Va consultato, invece dell'originale, per le aggiunte e le correzioni introdotte. **904**

1905. **Hauvette Henri,** Les ballades du "Décaméron „.

In *Journal des savants*, settembre 1905, p. 489 sgg. **905**

1905. **Koch J.,** Chaucer-Schriften.

In *Englische Studien,* vol. XXXVI (1905), fasc. 1°, pp. 131-149.

Rassegna di scritti su Chaucer, alcuni dei quali interessanti pure il Boccaccio. **906**

1905. **Lo Parco Francesco,** Petrarca e Barlaam, da nuove ricerche e documenti inediti e rari. — *Reggio Calabria*, Stab. Tip. Fr. Morello, 1905, in-8.

Vedi il Cap. IV (pp. 23-30): Barbaam in Napoli. Attinenze col Perugino e col Boccaccio. **907**

1905. **Marcocchia Giacomo,** Una novella indiana nel Boccaccio e nel Molière. — *Spalatro, libreria Morpurgo*, 1905, in-8.

Per la novella quarta della Giornata settima e la farsa del Molière *Jalousie* da lui rifatta poi nel *George Dandin*. **903**

1905. **Medin Antonio,** La Visione Barbariga di Ventura da Malgrate, poemetto storico-allegorico della fine del secolo XV.

In *Atti del R. Ist. Ven. di scienze lettere e arti,* tomo LXIX, parte II, 1905.

Per imitazioni e reminiscenze dell'*Amorosa Visione* del Boccaccio. **909**

1905. **Morici Medardo,** Le opere geografiche del Petrarca e del Boccaccio copiate da un amanuense di Roccacontrada nel 1434.

In *La bibliofilia*, VI (1905), fasc. 11°-12°. **910**

1905. **Ramorino Felice,** Giovanni Boccaccio amanuense e critico di testi latini.

In *La Biblioteca delle scuole italiane*, XI, fasc. 5⁰.

Parla del codice laurenziano XXXIII, 31, autografo del Boccaccio; delle satire di Persio in esso esemplate, indicandone l'archetipo e facendo delle riflessioni sulla diligenza del Boccaccio come trascrittore di classici.                    **911**

1905. **Reinhold**, Remarques sur les sources de Floire et Blancheflor.

In *Revue de philologie française*, 1905, nn. 2-3.

Per gli antecedenti del *Filocolo*.          **912**

1905. **Sabbadini Remigio**, Le scoperte dei codici latini e greci ne' secoli XIV e XV. — *Firenze, Sansoni*, 1905, in-8. (*Biblioteca storica del Rinascimento* diretta da F. P. LUISO, n⁰. II).

A pp. 28-33 si parla del posto che spetta al Boccaccio quale scopritore di codici. A p. 41, una breve descrizione dell'autografo boccaccesco della Biblioteca Laurenziana XXXIII, 31.          **913**

1905. **Savj-Lopez Paolo**, Storie Tebane in Italia. Testi inediti. — *Bergamo, Istit. ital. d'arti grafiche*, 1905, in-8.

Per i precedenti della *Teseide* del Boccaccio.
                                   **914**

1905. **Traversari Guido**, Le lettere autografe di Giovanni Boccaccio del codice laurenziano XXIX, 8. — *Castelfiorentino, La " Società storica della Valdelsa „ editrice*, 1905, in 8. (*Raccolta di Studî e Testi Valdelsani* diretta da O. BACCI, IV).

Sommario. Introduzione. Testo. Indice delle particolarità ortografiche, lessicali e sintattiche. Indice dei nomi.

INTRODUZIONE. — Le vicende dell'epistolario del Boccaccio. [L'apocrifa lettera a Cino da Pistoia]. Le lettere del Codice Laurenziano XXIX, 8. [Bibliografia]. Gli studî del Ciampi, dell'Hortis, del Landau, del Koerting, dell'Hauvette. La cronolo-

gia di queste lettere. Questioni che vi si riconnet-
tono. La prima dimora del Boccaccio a Napoli. I
passi autobiografici e la loro interpetrazione. Il Boccaccio *apprende* la mercatura in Firenze. Primi
suoi studî. *Esercita* la mercatura a Napoli. La
puerizia. Il padre del Boccaccio. Amori e studî a
Napoli. Le radunanze aristocratiche. [Roberto di
Napoli]. I principî del misoginismo del Boccaccio.
La corrispondenza epistolare giovanile. Gli amici.
L'epistola a Carlo di Durazzo. Le condizioni psi-
cologiche del Boccaccio. La storia dell'innamoramento narrata in una lettera. Amore, povertà e
disinganni del Boccaccio. La caricatura del suo ritratto. L'epistola *dantesca* a Moroello Malaspina.
Il Boccaccio e la tomba di Virgilio. Un sonetto e
un passo dell'*Ameto*. Il *sermo caliopeus* e l'*ambi-
farie*. Il destinatario dell'epistola *Sacre famis*.
[Andalò di Negro]. Il contenuto. Gli accenni agli
studî e alle abitudini del Boccaccio. La lettera e
la prima andata del Boccaccio a Napoli. L'oscura
lettera all'amico ingrato e traditore. Il ritorno a
Firenze. Un nuovo documento biografico. Il Boccaccio e l'esame del Petrarca a Napoli. Le varie
opinioni. L'interpetrazione risolutiva dell'Hecker
e il documento menzionato. La incresciosa dimora
a Firenze. L'epistola a Niccola Acciaiuoli. Niccola
Acciaiuoli e il Boccaccio. Probabile ritorno del
Boccaccio a Napoli. Un passo controverso del *de
Casibus*. Il Boccaccio e i truci fatti della corte di
Napoli. Rottura con l'Acciaiuoli. Giovanni *delle
tranquillità* e l'epistola a Zanobi da Strada " Lon-
gum tempus „. L'altra epistola del Boccaccio a Zanobi. Il carattere dello Stradino. La laurea pisana.
L'ispirazione di Zanobi e un'epistola poetica del
Boccaccio. [La testimonianza di Filippo Villani].
Francesco degli Ordelaffi e il Boccaccio. Il ritorno
alle simpatie per gli Angioini. [La regina Giovan-

na]. Le caratteristiche di queste lettere del Boccaccio. Lo sviluppo dell'epistolografia nel medioevo. Le *Artes* e le *Summae*. Il Boccaccio e gli studî retorici. Il Boccaccio, le epistole *dantesche* e i *dettatori* medievali. La lingua e lo stile delle lettere del XXIX, 8. Apuleio. Queste lettere non provano che il Boccaccio sapesse il greco. I glossarî medievali.

TESTO. — Criterî seguiti nella riproduzione. I. L'epistola a Zanobi da Strada " Quam pium, quam sanctum „. II. L'epistola al Duca di Durazzo "Crepor Celsitudinis „. III. L'epistola ad ignoto " Nereus amphytritibus lymphys „. IV. L'epistola "Mavortis milex extrenue „. V. L'epistola "Sacre famis et angelice „.

INDICE DELLE PARTICOLARITÀ ORTOGRAFICHE, LESSICALI E SINTATTICHE. **915**

1905. **Traversari Guido,** Il Petrarca e Dante. — *Prato-Toscana, Officina tipo-litografica Fratelli Passerini e C.*, 1905.

Già pubblicato nel *Giorn. dant.*, XIII (1905), quad. I, col titolo: *Il Boccaccio e l'invio della " Commedia „ al Petrarca*. **916**

1905. **Traversari Guido,** Per l'autenticità dell'epistola del Boccaccio a Francesco Nelli.

In *Giorn. stor. della letter. it.*, XLVI (1905), pp. 100-118. **917**

1905. **Traversari Guido,** Il beato Pietro Petroni senese e la conversione del Boccaccio. — *Trani, coi tipi dell'editore V. Vecchi*, 1905.

Estr. dalla *Rassegna pugliese*, anno XXII, fasc 3-4. **918**

1905. **Traversari Guido,** Per una grande amicizia. (Petrarca e Boccaccio). — *Firenze, tip. Domenicana*, 1905 [Nozze Berti-Razzi]. **919**

1905. **Zenke H.,** Dryden's Troilus und Cressida im Verhältnniss zu die übrigen Bearbeitungen des Stoffes. (Dissertazione di laurea). — *Rostock*, 1905.

Per la fortuna del *Filostrato*.

**920**

1905. **Zumbini Bonaventura,** Alcune novelle del Boccaccio e i suoi criterii d'arte.

In *Atti della R. Accademia della Crusca*, 29 gennaio 1905. — *Firenze, tip. Galileiana*.

Per il *Decameron*, II, 4; II, 5; II, 6; III, 6; IV, 1; IV, 10; V, 6; VII, 2; X, 6. **921**

1905. **Zumbini Bonaventura,** La novella di Landolfo Ruffolo.

In *La biblioteca delle scuole Italiane*, XI (1905), fasc. 6⁰ del 31 marzo, pp. 65-66.

Per *Decameron*, II, 4, di cui lo Zumbini addita alcune fonti napoletane. **922**

1906. **Baberadt K. Fr.,** Hans Sachs im Andenken der Nachwelt mit besonderer Berücksichtigung des Dramas des 19 Jahr. — *Halle, Max Niemeyer*, 1906.

Per accenni ai rapporti tra H. Sachs e Boccaccio. **923**

1906. **Belloni Antonio** e **Brognoligo Gioachino,** Sommario della storia della letteratura italiana. Seconda edizione interamente rifatta. — *Padova, Draghi*, 1906, in-16.

Le prima edizione è del 1900.

Vedi il cap. IV (pp. 91-100): Giovanni Boccaccio [Carattere generale dell'opera letteraria del Boccaccio — Il Boccaccio a Napoli — Sue opere giovanili — Secondo periodo della sua vita — Le opere latine d'erudizione — Cose minori — Il *Decameron*].

Cfr. anche l'indice delle materie per altri rimandi sulla fortuna del Boccaccio. **924**

1906. **Cordaro Carmelo**, Anton Maria Salvini. Saggio critico biografico. — *Piacenza, Stab. d'Arti Grafiche G. Favari di D. Foroni*, 1906, in-8.

Il cap. VIII (Salvini filologo) può interessare per qualche notizia sugli studi boccacceschi dell'erudito fiorentino. **925**

1906. **Del Lungo Isidoro,** La donna fiorentina del buon tempo antico, affigurata ecc. — *Firenze, R. Bemporad & figlio edit.*, 1904, in-16.

Vedi il capitolo intitolato *Da Dante al Boccaccio*. **926**

1906. **Guskar H.**, Fletchers Monsieur Thomas und seine Quellen.

In *Anglia Zeitschrift für englische Philologie*, XXIX (1906), pp. 1-54.

Per relazioni col *Decameron*. **927**

1906. **Ker W. P.**, Essays in Mediaeval Literature [The Earlier History of English Prose; Historical Notes on the Similes of Dante, Boccaccio, Chaucer, Gower, Froissart, Gaston Paris]. — *London, Macmillan*, 1906. **928**

1906. **Levi A. R.**, Shakspeare e la parodia omerica.

In *Nuova Rassegna di letteratura moderna*, IV (1904), fasc. 2º, pp. 113-116.

Interessa, in parte, per la fortuna del soggetto del *Filostrato*. **929**

1906. **Lindemann Wilh.**, Geschichte der deutschen Literatur. 8 Auf. Hrsg. und teilweise neu. bearb. von Dr. MAX ETTLINGER. — *Freiburg, Herder*, 1906, in-8.

Per il Boccaccio nella letteratura tedesca. **930**

1906. **Pollard Alfred W.**, Chaucer, Canterbury Tales, edited ecc. 2 Vols. — *London, Dryden Library*, 1906, in-12.

Per la introduzione, relativa a Chaucer e Boc-
caccio.                                                    **931**

1906. **Savj-Lopez Paolo,** Appunti di napoletano an
tico. I. Il napoletano nell'uso letterario del secolo XV.

In *Zeitschrift für roman. Philologie*, vol. XXX
(1906), p. 26 sgg.

Accenna all'influenza esercitata dal Boccaccio
sugli scrittori napoletani del secolo XV.      **932**

1906. **Tatlock John,** Chaucer's Vitremyte.

In *Modern Language Notes*, vol. XXI (1906,
p. 62.

Per un passo del *Monk's Tale* di Chaucer e uno
della *Genealogia deorum* (XIV, 18) del Boccaccio.
                                                          **933**

1906. **Trabalza Ciro,** Studi sul Boccaccio, preceduti
da saggi di storia della critica e stilistica. — *Città
di Castello, Casa tip. edit. S. Lapi*, 1906, in-16.

Vedi, nella Parte seconda, lo scritto *L'arte del
"Decameron„ secondo la critica*; e nella Parte terza:
Studi Boccacceschi: [*Il Decameron, e una sua fon-
te. — Il tema del geloso confessore. — Il " De-
cameron „ e il Novellino — I tre anelli. — La " Vita
Nuova „ dell'Alighieri e la " Vita di Dante „ del
Boccaccio. — L'innamoramento del poeta divino.
Il " Decameron „ e lo "Specchio di vera penitenza „
del Passavanti — La leggenda del Carbonaio e
Nastagio degli Onesti. — Il " Decameron „ e il
" Filocolo „ — Le novelle della cavalleria. L'arte
nella novella di frate Cipolla — La coerenza estetica del personaggio di Calandrino nel " Deca-
meron „*].                                               **934**

# APPENDICE*

---

1483. **F. Jacobi Philippi Bergomensis,** ordinis fratrum Eremitarum divi Augustini in omnimoda historia novissime congesta Supplementum Cronicarum appellata. — *Venetiis, per Bernardinum de Benaliis,* 1483.

Nel libro XIV, c. 150 v., una breve vita del Boccaccio. Per l'altra edizione del 1485, e per il volgarizzamento dell'opera del Foresti, vedi il citato volume del SOLERTI, *Le vite di Dante, Petrarca e Boccaccio,* p. 194. **935**

1493. **Schedel Hartmann,** Chronica. — *Norimberga, per Antonio Koburger,* 1493.

A c. CCXXXIIr., una breve notizia del Boccaccio. C'è anche una versione tedesca dello stesso anno, e un'altra stampa di *Augusta, Schensperger,* 1497. Cfr. SOLERTI, *Op. cit ,* p. 197. **936**

1494. **Trithemii Iohannis,** De scriptoribus ecclesiasticis sive perscripta illustribus in Ecclesia viris etc. — *Basileae,* 1494 e *Coloniae,* 1546.

A c. 139 una breve vita del Boccaccio. Cfr. SOLERTI, *Op. cit.,* p. 197. **937**

1553. Le cento novelle [di G. Boccaccio] de Messer VIN-
CENZO BRUGIANTINO dette in ottava rima. Et tutte
hanno la allegoria, con il proverbio a proposito
della novella. Dedicate allo illustriss. Ottavio Far-
nese duca di Parma... — *In Vinegia, per Francesco Marcolini*, 1553.

È una parafrasi in versi del *Decameron*. **938**

1565. [**Baldini Baccio**], Discorso sopra la mascherata
Geneologia degl'iddei de' gentili, mandata fuori
dall'illustrissimo et eccellentissimo S. Duca di Firenze e Siena il giorno 21 di Febbraio MDLXV. —
*In Firenze, Appresso i Giunti*, MDLXV, in-8.

Si spiega la mascherata fatta per le nozze di
Francesco de' Medici con Giovanna d'Austria, ispi-
rata all'opera del Boccaccio, e si addita qualche
fonte da cui tolse il Boccaccio stesso. **939**

1587. **De Nores Iason,** Discorso intorno a que' prin-
cipj cause et accrescimenti che la Comedia, la Tragedia et il Poema heroico ricevono dalla Philosophia
morale et civile et da' Governatori delle Repub-
bliche. — *In Padova, Appresso Paulo Meieto*, 1587,
in-8.

Per novelle boccaccesche da cui si possono trarre
soggetti per commedie, tragedie e poemi. (p. 7-8,
13, 28-29). Le novelle sono II, 6; II, 8; IV, 1; IV,
6; IV, 7; IV, 9; V, 6; V, 7 ecc. **940**

1608. **Vannozzi Bonifazio,** Del Boccaccio e della
Poesia. (Lettera a Jacopo Panciatichi).

Nel vol. II delle *Lettere Miscellanee.* — *In Roma, ad instanza di Gio. Paolo Gelli*, 1608, p. 92-96.

Contro la *Genealogia* del Boccaccio.

Vedi anche un'altra lettera del Vannozzi (a Tommaso Ricciardi contro il *Decameron*, nel volume
I. — (*Venezia*, 1606) p. 580-583 delle stesse *Lettere*. **941**

1612. **Beni Paolo,** L'anticrusca overo il paragone dell'italiana lingua, nel qual si mostra chiaramente che l'antica sia inculta e rozza e la moderna regolata e gentile. — *In Padova, per Battista Martini,* 1612, in-8.

È tutto contro il Boccaccio, considerato dal lato linguistico e stilistico.

Cfr. anche l'edizione in-4 dello stesso editore, ma del 1613.   **942**

1620. **Nisiely Udeno [Fioretti Benedetto],** Proginnasmi poetici. — *In Firenze, Appresso Zanobi Pignoni,* 1620, in-8.

Nel vol. I, vedi il Proginn. 10 (*Boccaccio difeso*) e il Proginn. 15 (*Boccaccio lodato*). Nel vol. II, il Proginn. 41 (*Parlare conformativo. Lode del Boccaccio*) e il Proginn. 42 (*Etopea. Lodi di Liburnio, di Plauto, e del Boccaccio*). Cfr. anche, per altri rimandi, gl'indici dei voll. IV (1638) e V (1639).

   **943**

1694. **Pope-Blount Tomaso,** Censura celebriorum Authorum (*sic*) sive tractatus in quo varia virorum·doctorum de clarissimis cuiusque seculi (*sic*) scriptoribus Iudicia traduntur unde facillimo negotio lector dignoscere queat quid in singulis quibusque istorum authorum maxime memorabile sit, et quonam in pretio apud eruditos semper habiti fuerint. Omnia in studiosorum gratiam collegit et in ordinem digessit secundum seriem temporis etc. Editio nova. — *Coloniae Allobrogum, apud Samuelem de Tournes,* 1694, in-4.

A pp. 437-439: Johannes Boccatius.   **944**

1704. **Gandolfi Domenico Antonio,** Dissertatio historica de ducentis celeberrimis Augustinianis scriptoribus. — *Romae, typis Ioannis Francisci Buagni,* 1704, in-folio.

Vedi a p. 260 e 266 per il Boccaccio e fra Mar-

tino da Signa, e la riproduzione dell'epistola espli-
cativa del *Bucolicum Carmen* del Boccaccio. **945**

1712. **Salvini Anton Maria,** Cui si debba più ai nostri tre primi maestri della lingua o al Bembo che
ne diede le regole.

In *Discorsi Accademici sopra alcuni dubbi pro-
posti nell'Accademia degli apatisti*, Parte II. —
*In Firenze, appresso Giuseppe Manni*, 1712, pp.
204-211. **946**

1724. **Salvini Anton Maria,** Annotazioni sopra il
" Comento „ del Boccacci sopra Dante.

Seguono al 2º volume del *Comento* a Dante (Vol.
VI, delle *Opere*. — *Firenze*, 1724). **947**

1739. **Ogle George,** Gualtherus and Griselda; or the
Clerk of Oxford's Tale: From Boccace, Petrarch
and Chaucer. — *Bristol ; Printed for R. Dodsley*,
1739. **948**

1744. **Gradenigo Giangirolamo,** Lettera all'Emin.ᵐᵒ
e Reve.ᵐᵒ signor Cardinale Angelo Maria Querini
etc. intorno agl'Italiani, che dal secolo XI insin
verso alla fine del XIV seppero di greco.

In *Miscellanea di varie operette* del Lazzaroni,
Tomo VIII, Venezia, 1744.

A p. 123 segg. si parla degli studi greci del Boccaccio. **949**

1745. Raccolta di prose fiorentine. Parte IV, volume IV.
— *In Firenze*, 1745.

A pp. 305-308 una lettera di VINCENZO BOR-
GHINI sull'*Urbano* pseudo-boccaccesco ; a pp. 238-241,
un'altra sulle *Annotazioni dei Deputati*. — A pp.
25-26 una lettera di PIERO VETTORI sull'edizione
del *Decameron* del 1573. **950**

1759. **Mehus Lorenzo,** Ambrosii Traversarii vita, in
qua historia litteraria florentina ab anno MCXCII
usque ad annum MCCCCXL ex monumentis potis-

simum nondum editis deducta est. — *Firenze.*
1759, in-foglio.

Per la parte relativa al Boccaccio vedi i rimandi dell'indice. **951**

1767. **Argelati Filippo,** Biblioteca dei volgarizzatori,
ossia notizie delle opere volgarizzate di autori che
scrissero in lingue morte prima del secolo XV,
coll'addiz. e correz. di ANGELO TEOD. VILLA milanese. — *Milano, Agnelli,* 1767, in-4.

A p. 156-163, i volgarizzamenti di opere del
Boccaccio. **952**

1767. **De Sade,** Mémoires pour la vie de François Pétrarque tirés des ses oeuvres et des auteurs contemporains avec de notes ou dissertations et les
pièces justificatives. Tomo III. — *Amsterdam, Chez
Arskée & Mercus,* 1767, in-4.

Vedi la p. 79 e segg. per il Boccaccio e il Petrarca, p. 601 e segg. per Leonzio Pilato, 626 per
la visita del Ciani, 743 per il testamento del Petrarca, 803 per l'ultima lettera del Boccaccio al
Petrarca, in parte tradotta ecc. **953**

1798. **Sotheby** *Miss,* Patient Griselda; A tale from
the Italian of Boccaccio. — *Bristol,* 1798. **954**

1802. **Baldelli Gio. Battista,** Rime di Messer Giovanni Boccacci. — *Livorno,* 1802, in-8.

Riprodotte nelle *Opere volgari di G. B. corrette
su i testi a penna,* Vol. XVI. — *Firenze, Moutier,*
1834, in-8.

Per la introduzione e le annotazioni alle rime
e la tavola dei codici di esse. **955**

1805. **Borromeo Anton Maria,** Catalogo de' novellieri italiani. Edizione 2ª, con aggiunte ed una novella. — *Bassano, dalla tip. Remondiniana,* 1805,
in-8.

La 1ª ediz. è del 1794 (*Notizia de' Novellatori*

*italiani ecc.).* — A pp. 8-19 un elenco di edizioni del
*Decameron.* **956**

1806. **Wagner A.,** Zwei Epochen der modernen Poesie
in Dante, Petrarca, Boccaccio, Goethe, Schiller und
Wieland. — *Lipsia,* 1806. **957**

1817. **Dibdin T. F.,** The Bibliographical Decameron,
or ten days pleasant discourse upon illuminated
manuscripts and subjects connected with early en-
graving, typography and Bibliography. Volume III.
— *London,* 1817, in-8.
Vedi il *Bibliographical Index* per l'indicazione
di manoscritti miniati e edizioni illustrate del *Decameron,* della *Fiammetta* e dell'*Ameto.* **958**

1818. **Schmidt.V.,** Beiträge zur Geschichte der roman-
tischen Poesie. — *Berlin,* 1818.
Vedi a p. 100, per la leggenda di *Barlaam e
Josafat* e *Decameron* X, 1. **959**

1818. **Torti Francesco,** Il purismo nemico del gusto
o considerazioni sulla prosa italiana. — *Perugia,
Baduel,* 1818, in-8.
Per l'influenza della prosa del Boccaccio sulle
lettere italiane. **960**

1820. Notizie sulla vita e gli scritti di Giovanni Boc-
caccio.
Sono tolte dall'articolo pubbl. dal Ginguené nella
*Biographie universelle* e precedono l'edizione del
*Decameron* pubblicata da GIUSEPPE MOLINI nel
1820 e di nuovo nel 1827. **961**

1831. **Ambrosoli Francesco,** Manuale della letteratura italiana compilato ecc. Volume I. — *Milano,
per Antonio Fontana,* 1831, in-12.
A pp. 331-336: Giovanni Boccaccio.
Vedi anche le ristampe posteriori. **962**

1834. **Bode G. H.**, Scriptores rerum mythicarum latini
tres Romae nuper reperti etc. Volume I. — *Cellis*
1834, in-8.

Vedi le pp. XI-XIII per il Boccaccio e il terzo
*Mitografo Vaticano*. Il Bode riferisce quanto già
scrisse il primo editore, il card. A. Mai nel 1831
in *Class. auct. e Vatic. Codic. edit.*, tomo III, p. 161
segg. **963**

1834. **De La Tour M. A.**, Laure, Béatrix et Fiammetta.

In *Revue de Paris*, fasc. di Maggio, 1834. **964**

1838. **Granata M.**, Un antico manoscritto latino che
contiene le vite di Dante, del Petrarca, del Boccaccio ed un cenno critico sul merito di loro volgarizzamento. — *Messina*, 1838, in-8.

Si tratta delle vite di Filippo Villani. **965**

1838. La danza della prima giornata del " Decamerone „.
Dipinto a fresco di G. Bezzuoli. Discorso di G. T.
— *Pistoia*, 1838. **966**

1842. **Collier J. P.**, The history of patient Grisel. Two
early tracts in Blackletter, with an introduction
and notes. (Percy Soc. vol. III). — *London*, 1842.
**967**

1844. **Mendelssohn J.**, Bericht über Rossetti's Ideen
zu einer Erläuterungen des Dante und der Dichter
seiner Zeit. — *Berlino*, 1844.

Per gli scritti boccacceschi del Rossetti, già citati. **968**

1846. **Reumont Alfred,** Dichtergräber, Ravenna, Arquà, Certaldo. — *Berlino*, 1846. **969**

1849. **Canestrini Giuseppe,** Di alcuni documenti ri-
sguardanti le relazioni politiche dei papi d'Avignone coi comuni d'Italia avanti e dopo il tribunato
di Cola di Rienzo e la calata di Carlo IV.

In *Archivio storico italiano,* Vol. VII (1849), Appendice n. 24.

A p. 349 segg. documenti riferentisi ad amba- scerie del Boccaccio.　　**970**

1851. **Bonnet Jules,** Vie d'Olympia Morata, épisode de la renaissance et de la réforme en Italie. 2ᵉ édi- tion revue et augmentée. — *Paris,* 1851, in-8.

Nel cap. II (pp. 53-54) si parla della traduzione fatta dalla Morato di due novelle boccaccesche (I, 2 e X, 10).　　**971**

1856. **Du Meril Edélestand,** Floire et Blancheflor, poème du XIIIᵉ siècle. — *Paris,* 1856. [Fa parte della *Bibliothèque Elzévirienne*).

Per gli antecedenti del *Filocolo.*　　**972**

1857. **Quinet Edgard,** L'art pour l'art. Boccace.

In *Oeuvres complétes,* IV, Paris, Pagnerre lib. édit., 1857, in-16. Comparso per la prima volta nel 1848.

[Le Décaméron de Boccace, première expression de la bourgeoisie italienne; joie de l'homme qui vient d'échapper au terrorisme du moyen âge. — Que l'art pour l'art a étouffé la tendance à la ré- forme religieuse et politique. — Reproches à Boc- cace, l'ancêtre des indifférents. Incapacité de souf- frir moralement, première cause de la décadence. — Boccace amuse et enchaîne l'Italie. — Le Déca- méron et les Niebelungen].　　**973**

1858. **Corazzini Francesco,** Del Reggimento de' Prin- cipi di Egidio Romano, volgarizzamento trascritto nel MCCCLXXXVIII. — *Firenze, Fel. Le Mon- nier,* 1858, in-16.

Nega al Boccaccio il capitolo della *Vita di Dante* intitolato " Qualità e difetti di Dante „.　　**974**

1858. **Moland L.** et **D'Héricault C.,** Nouvelles fran- çoises en prose du XIV siècle, publiées d'après les mss. avec une introduction et des notes. — *Paris, Jannet,* 1858, in-8.

Per la traduzione francese del *Filostrato* fatta da Pierre de Beauvau (pubblicata per la prima volta dal MARCHEGAY nel *Buletin de la Soc. ind. d'Angers*, anno XXIV n. 1) e l'introduzione degli editori relativa ai precedenti della leggenda. **975**

1859. Due novelle antiche anteriori al "Decameron,, del Boccaccio, che servirono d'argomento a due bellissime istorie contenute in esso divino libro. — *Genova, Bernabò Lomellin (Bologna)*, 1859.

Le novelle sono quella di Bernabò da Genova (*Decameron*, II, 9) e quella di Tancredi principe salernitano (*Decameron*, IV, 1). **976**

1859. **Wolf F.**, Studien zur Geschichte der spanischen und portugiesischen Nationallitteratur. — *Berlin, A. Asher & C.*, 1859, in-8.

Cfr. le pp. 233-235 e 607 per l' influenza del Boccaccio sulla letteratura spagnuola.

Vedi anche un articolo pubblicato dal Wolf nei *Wiener Jahrbücher der Litteratur*, vol. CXXII, p. 116 e segg., sul Boccaccio e Lope de Rueda e Juan de Timoneda. **977**

1861. **Carusi Giuseppe Maria**, Del rospo e della salvia del Boccaccio.

In *Memorie di G. M. Carusi dottore in medicina e chirurgia*, Napoli, 1861.

Per il *Decameron*, IV, 7. **978**

1863. **Bechstein R.**, Altdeutsche Märchen, Sagen und Legenden. — *Leipzig*, 1863.

A p. 34 segg. e 143 segg. si parla della *Griselda* del Boccaccio. **979**

1863. **De Lettenhove Kervyn**, Notice sur la vie et les ouvrages de Georges Chastellain.

In *Oeuvres de G. Chastellain*, tomo I, Bruxelles, 1863, in-8.

A p. V e segg. si parla dei rapporti tra Cha-

stellain e Boccaccio. Cf. anche il vol. VII (1865)
dove (pp. 75-143) si pubblica il poemetto: *Le tem-
ple de Boccace.*                                        **980**

1863. **La Vista Luigi,** Memorie e scritti raccolti e
pubblicati da Pasquale Villari. — *Firenze, Le
Monnier,* 1863, in-16.

A p. 332-336 c'è anche un breve saggio sul Boccaccio, già apparso nel 1848.           **980** *bis.*

1863. [Zambrini Francesco], Tancredi principe di Salerno, novella in rima di Hieronimo Benivieni fiorentino. — *Bologna, Romagnoli,* 1863 (*Scelta di curiosità letterarie inedite o rare,* disp. 28ª).

Ristampato nel 1865.

Si accenna anche ad altri traduttori del Boc-
caccio e a fonti di alcune novelle: (*Decameron,*
I. 2; I, 3; I, 9; II, 6; II, 8; II, 10; IV, 1; VII, 2;
VII, 4; X, 7; X, 8; X, 9 etc.).           **981**

1863-65. **De Los Rios Amador,** Historia critica de la
literatura española. — *Madrid,* 1863-65, in-8.

Per il Boccaccio e la Spagna vedi i rimandi ai
tomi V-VII.                               **982**

1864. **Teza Emilio,** La tradizione dei *Sette Savi* nelle
novelline magiare. — *Bologna, Fava e Garagna-
ni,* 1864, in-8.

Per il motivo del *Decameron,* VII, 6.   **983**

1866. **Luro Victor,** Marguerite d'Angoûleme reine de
Navarre et la Renaissance. — *Paris,* 1866.

Vedi a pp. 119-142 per le relazioni tra l'*Heptaméron* della regina di Navarra e il *Decameron.*
                                          **984**

1866. [Wesselofsky Alessandro], Novella della figlia
del re di Dacia. Testo inedito del buon secolo della
lingua. — *Pisa, Nistri,* 1866.

Per il motivo del *Decameron,* V, 8.     **985**

1867. **Perrens F. T.,** Histoire de la littérature italienne depuis ses origines jusqu' à nos jours

(1150-1848). — *Paris, Charles Delagrave et C*[ie], 1867, in-16.

Vedi il cap. IV (p. 85 segg.): "... La nouvelle: Boccace. — Sa jeunesse. — Son zèle pour les études grecques. — Les ouvrages latines. — Les poëmes en vers italiens. — Les ouvrages en prose: le *Filocopo*. — L'*Amorosa Fiammetta*. — Le *Corbaccio*. — La *Vita di Dante*. — Le *Décaméron*. — Commentaire de la Divine Comédie. — Les imitateurs de Boccace„. **986**

1868. **Mezières A.,** Pétrarque, étude d'après de nouveaux documents. — *Paris, Librairie Académique Didier et C.*[ir], 1868, in-8.

Vedi nel cap. IV (La famille et les amis de Pétrarque), le pp. 199-219 su *Pétrarque et Boccace*.

Cfr. la 2ª edizione del 1895. **987**

1870. **Mussafia Adolfo,** Zum Roman de Troilus des Pierre de Beauvau.

Costituisce il n. IV degli *Handschriftliche Studien* pubblicati nei *Sitzungsberichte der philos.-histor. Classe der Kais. Akademie der Wissenschaften* di Vienna, 1870.

Per la traduzione francese del *Filostrato*. **988**

1873. **De Puymaigre Théodore,** La cour littéraire de Don Juan II roi de Castille. — *Paris, Librairie A. Franck,* 1873, in-16.

Vedi del vol. I le pp. 104 segg. per la fortuna del *de Claris Mulieribus* e del *Corbaccio* in Ispagna, e la p. 223 per Boccaccio e Alvaro De Luna, Alfonso de Carthagèna etc.; e del vol. II le pp. 28 e 51 per il Boccaccio e il marchese di Santillana. **989**

1873. **Papanti Giovanni,** Dante secondo la tradizione e i novellatori. — *In Livorno, coi tipi di Francesco Vigo edit.* 1873, in-8.

A p. 7 segg. *Giovanni Boccaccio*. Brani della
*Vita di Dante* e importanti note relative. **990**

1874. **Guasti Cesare,** Giuseppe Silvestri, l'amico della
studiosa gioventù. Memorie compilate etc. Tomo I.
— *In Prato, per Ranieri Guasti*, 1874, in-8.

Il cap. 2° del lib. II (pp. 133-147) parla dell'e-
dizione del *Decameron* procurata e purgata dal
Silvestri (Milano 1869) e delle critiche, a cui dette
luogo. **991**

1875. Nel dì XXI dicembre 1375. Quinto centenario di
Giovanni Boccacci. Del "Decameron„ giornata prima, novella IX. — *Ferrara, Taddei*, 1875, in-8.
**992**

1875. **Baudi di Vesme Carlo,** I primi quattro libri
di Tito Livio del volgarizzamento della terza deca
attribuito a Giovanni Boccaccio. — *Bologna, Romagnoli*, 1875, in-16. (Scelta di curiosità letter.
ined. o rare, disp. 143ª). **993**

1875. [ZAMBRINI FRANCESCO], Fioretti di antica storia
romana da un'opera attribuita a Messer Giovanni
Boccacci da Certaldo. — *Faenza, Ditta Tipogra-
fica Pietro Conte*, 1875, in-8. **994**

1876. **Cerquetti Alfonso,** L'accuratezza della Crusca
nel citare il Decameron. — *Forlì, Bordandini*,
1876, in-8. **995**

1876. **Kurz Heinrich,** Geschichte der deutschen Literatur, mit ausgewählten Stücken aus den Werken der vorzüglichsten Schriftsteller. Settima edizione. — *Leipzig*, 1876, in-8.

La prima edizione è del 1856.

Vedi l'indice delle materie per i rimandi relativi al Boccaccio nella letteratura tedesca. **996**

1877. **Brink (ten) Bernhardt,** Geschichte der englischen Litteratur. Volume I. — *Berlino*, 1877, in-8.

Vedi, nel cap. VI: Chaucers italienische Reise.

Dante, Petrarca, Boccaccio, Palamon und Arcita,
Boccaccios Teseide und die Erzählung des Ritters;
nel cap. VIII: Troilus und Cryseide, verglichen
mit den Vorstufen: Benoît de Saint More, Guido
de Columna, Boccaccios Filostrato; nel cap. X: Gri-
selidis: e nel XII: Der *Decamerone* und die Canterbury-Geschichten.

Vedi anche l'Indice generale per i vari rimandi;
p. es.: il *de Claris Mulieribus* e la leggenda *von
guten Frauen* del Chaucer; il *de Casibus* e il *Mon-
kes Tale*; il Boccaccio e John Lydgate; la *Genealogia* e sir Thomas Elyot (*Decam.*, X, 8); riferimenti in fine al *Decameron*, VII, 9; VIII, 1; X, 5.
**997**

1877. **Koehler,** La source de la ballade de Bürger (Le-
nardo et Blondine).

> In *Zeitschrift für deutsche Philologie*, VIII
> (1877), p. 101 e segg.
> Per il *Decameron*, IV, 1. **998**

1877. **Liebrecht F.,** Zum " Decamerone „.

> In *Jahrbuch für roman. und englische Litera-
> tur*, XV (1877), fasc. 3.
> Per i rapporti del *Decameron*, II, 5 con un rac-
> conto orientale. **999**

1878. **D'Ancona Alessandro,** La visione di Venus,
antico poemetto popolare.

> In *Giornale di filologia romanza*, I, n. 2, (1878)
> pp. 111 segg.
> Per il Boccaccio, già creduto autore di questo
> poemetto. **1000**

1878. **Guerzoni Giuseppe,** Il primo rinascimento. Saggio. — *Verona-Padova, Drucker & Tedeschi*, 1878.

> A pp. 77-81 si parla della posizione del Boccac-
> cio rispetto al rinascimento. **1001**

1878. **Villemain Abel François,** Cours de littérature française. Tableau de la littérature au moyen

âge en France, en Italie, en Spagne, en Angleterre.
Volumi due. Nuova edizione. — *Parigi*, 1878, in-18.

L'opera risale al 1840. Vedi il vol. I per i precedenti francesi del Boccaccio; e nel vol. II (p. 32
segg.) la XIV lezione: "Boccace à la cour de Naples — Jeanne de Naples; ses vicissitudes — Tra-
vaux érudits de Boccace — Les écrits en langue
vulgaire „.                                          **1002**

1879. Opere minori di GIOVANNI BOCCACCI. — *Milano,
Sonzogno*, 1879.

Per la introduzione di FRANCESCO COSTÈRO, relativa alla *Fiammetta, Ameto, Corbaccio e Lettera
consolatoria a Pino de' Rossi.*                      **1003**

1879. **Gebhart Émile,** Les origines ds la Renaissance
en Italie. — *Paris, Hachette et C.*, 1879, in-16.

Vedi del cap. VIII (La Renaissance des lettres),
le pp. 334-344: "Boccace „.                          **1004**

1879. **Hortis Attilio.** La Corografia di Pomponio Me-
la, attribuita falsamente a Giovanni Boccaccio. —
*Trieste*, 1879.                                     **1005**

1879. **Lombardi Eliodoro,** Delle attinenze storiche
fra scienza ed arte in Italia. — *Bergamo, Gaffuri
& Gatti editori*, 1879, in-8.

Vedi nella parte seconda, le pp. 95-155: (Il Boccaccio), dove esamina le opere dal punto di vista
religioso, morale e filosofico.                      **1006**

1879. **Mensch H.,** Characters of English Literatur. —
*Coethen*, 1879.

A p. 41 si parla dei rapporti letterari tra Chaucer e Boccaccio.                                     **1007**

1879. **Ward A. W.** Chaucer, *London*, 1879.

Vedi a p. 116 per Chaucer e Boccaccio. **1008**

1880. **Demogeot J.,** Histoire des littératures étran-
gères considérées dans leurs rapports avec le déve-
loppement de la littérature française. Littératures

Méridionales. Italie. Espagne. — *Paris, Hachette et C.ie*, 1880, in-8.

Vedi il Cap. VI (p. 59 e segg.): La prose au XIV siècle - Boccace - [Sa jeunesse — ses oeuvres — *Filocopo — Fiammetta — Le Décaméron —* ses continuateurs — son pastorale l'*Ameto*]. Cfr. anche l'indice delle materie per il Boccaccio e la Spagna. — Vedi anche l'altro volume (*Littératures septentrionales. Angleterre, Allemagne*) per Boccaccio e Chaucer (p. 5, 10-12) e Thomas Sackville (p. 30) e Robert Wilmot (p. 32). **1009**

1881. Delle donne famose di GIOVANNI BOCCACCI, traduzione di M. Donato degli Albanzani di Casentino detto l'Appenninigena, edizione terza, curata da GIACOMO MANZONI con note. — *Bologna, Romagnoli*, 1881.

La prima edizione è del 1875.

Per l'introduzione riguardante vari manoscritti e il testo dell'opera. **1010**

1882. **Imbriani Vittorio,** La pretesa Beatrice figliuola di Dante Alighieri.

In *Giorn. napolet. di filosofia e lettere*, anno IV (1882), vol. VII, fasc. 19.

Per il Boccaccio e la figlia di Dante, Beatrice. **1011**

1882. **Schlegel Friedrich,** Nachricht von den poetischen Werken des Johannes Boccaccio.

In *Seine prosaischen Jugendschriften herausgegeben von J.* MINOR, Parte seconda, Wien, 1882, in-8, pp. 396-414. Fu pubblicato la prima volta nell'opera: *Charakteristiken und Kritichen von* A. W. SCHLEGEL *und* FRIEDRICH SCHLEGEL, Zweiter Band, Königsberg, bei Friedrich Nikolovius, 1801, IV, pp. 360-400; poi in F. SCHLEGEL 's sämmtliche Werke, vol. X, Vienna 1825, pp. 3-36 e di nuovo nel 1846 (Fr. v. Schlegel 's sämmtliche Werke),

2ª edizione originale, ottavo volume, Vienna, p. 5-29.
Per i concetti poetici del Boccaccio.    **1012**

1883. **Crescini Vincenzo,** Lettere di Jacopo Corbinelli.
In *Giorn. stor. d. letter. it.,* vol. II (1883), p. 316
segg.
Per il Corbinelli e un'edizione del *Decameron.*
**1013**

1883. **Gaspary Adolfo,** Il poema italiano di Florio e
Biancofiore.
In *Giorn. di filologia romanza,* tomo IV (1883),
fasc. 1-2, n. 8, pp. 1-8. L'articolo porta però la data
del 1881.
Per gli antecedenti del *Filocolo.*    **1014**

1883. **Landau Marco,** Le tradizioni giudaiche nella
novellistica italiana.
In *Giorn. stor. d. letter. ital.,* I (1883), pp. 60-61
Per gli antecedenti del *Decameron,* X, 9. **1015**

1883. **Prato Stanislao,** L'orma del leone, racconto
orientale considerato nella tradizione popolare.
In *Romania,* XII (1883), p. 535 segg.
Per alcuni antecedenti del *Decameron,* I, 5 e
V, 5.    **1016**

1884. Boccaccio 's Filostrato.
In *Allgemeine Zeitung,* 1884, n. 9.
A proposito della traduzione del *Filostrato* pubblicata dal barone CARLO DI BEAULIEU MARCONNAY.
**1017**

1384. **Hausknecht Emilio,** Floris und Blancheflur.
— *Berlin, Veidmann,* 1884, in-8.
Per gli antecedenti del *Filocolo* e le redazioni
di questo racconto nelle letterature europee. **1018**

1884. **Monnier Marc,** La Renaissance, de Dante à Lu-
ther. — *Paris, Librairie Firmin Didot et C.ie,*
1884, in-8. [*Histoire générale de la littérature moderne*].

Vedi il Cap. II (pp. 81-147): Pétrarque et Boccace [1. Pétrarque et Boccace humanistes. 2. La
politique de Boccace ... 5. Boccace amoureux: le
" Décaméron „. 6. Boccace après sa mort. Ses imitateurs français. Ses dernières critiques.] — Vedi
anche le pp. 183 e segg., per il Boccaccio e Chaucer, Dryden, Shakespeare, Molière, La Fontaine,
Bonaventure Despériers, Alfred de Musset. **1019**

1885. **Arnold Thomas,** A manual of english literature
historical and critical, with an Appendix of english metres. (5ª edizione). — *London, Longmans
Green and C.°,* in-8.

Vedi anche la sesta edizione riveduta, *New-York.*
1889.

Vedi le pp. 109 segg., 115 segg., 117 segg. per
Boccaccio e Chaucer (*Decameron, Filostrato, Teseide e De Casibus*) e le pp. 133 segg. per John Lydgate e Boccaccio (*De Casibus*). **1020**

1885. **Cian Vittorio,** Un decennio della vita di M.
Pietro Bembo (1521-1531). Appunti biografici e saggio di studi sul Bembo con appendice di documenti
inediti. — *Torino, E. Loescher,* 1885, in-8.

Vedi a p. 81, per gli studi boccacceschi del Bembo.
**1021**

1886. Il " Decameron „ di M. Giovanni Boccacci, riscon-
trato coi migliori testi e con note di P. Fanfani,
E. Camerini ed altri. — *Milano, Sonzogno,* 1886,
in-16.

Per la introduzione di F. COSTÈRO. **1022**

1886. The " Decameron „ of Giovanni Boccaccio inclu-
ding forty of its Hundred Novels, with an intro-
dution by HENRY MORLEY. 4th ed. — *London, Rout-
ledge and Sons,* 1886. **1023**

1886. **Clerke E. M.,** Boccaccio and Chaucer.
In *National review,* VIII (1886), p. 379 segg.
**1024**

1886. **Koeppel E.**, Laurent de Premierfait und John Lydgates Bearbeitungen von Boccaccio 's "de Casibus virorum illustrium „. — *Monaco*, 1886. **1025**

1887. **Cappelletti Licurgo**, La novella di Gerbino imitazioni e raffronto.

In *Cronaca minima* di Livorno, 14 agosto 1887.
Per il *Decameron*, IV, 4. **1026**

1887. **Cappelletti Licurgo**, La novella di Cisti fornaio.

In *Cronaca minima* di Livorno, 28 agosto 1887.
Per il *Decameron*, VI, 2. **1027**

1887. **Cappelletti Licurgo**, La novella di Madonna Beritola, osservazioni e raffronti.

In *Cronaca minima* di Livorno, 30 ottobre 1887.
Per il *Decameron*, II, 6. **1028**

1887. **De Nolhac Pierre**, La bibliothèque de Fulvio Orsini, contributions à l'histoire des collections d'Italie et à l'étude de la renaissance. — *Paris*, *F. Vieweg libr.-éditeur*, 1887, in-8. [*Bibliothèque de l'école des hautes études*, fasc. 74°].

Vedi del Cap, VIII le pp. 303-307: " Texte de Dante offert à Pétrarque par Boccace. — *Consolatio* de Boèce écrite de la main de Boccace „ ; e a pp. 106 e 309 qualche notizia per la storia del testo del *Decameron*. **1029**

1887. **De Nolhac Pierre**, Pétrarque et son jardin, d'après ses notes inédites.

In *Giorn. stor. della letter. it.*, IX (1887), p. 404 segg.

Per la visita del Boccaccio al Petrarca a Milano il 16 marzo 1359. **1030**

1887. **De Nolhac Pierre**, Fac-similés de l'écriture de Pétrarque et appendices au "Canzon. autogr. „ avec des notes sur la Bibliothèque de Pétrarque. — Roma, 1887, in-8. [Estr. dai *Mélanges d'archéologie et d'histoire*, tomo VIII].

Nell'Appendice IV si parla d'autografi perduti del Boccaccio. **1031**

1887. **P[aris] G[aston]**, Une version orientale du thème de *All's well that ends well*.

In *Romania*, XVI (1887), p. 98 segg.

Per il Boccaccio (*Decameron*, III, 9) e Shake. speare. **1032**

1887. **Rajna Pio,** Intorno al cosidetto "Dialogus creaturarum „ ed al suo autore.

In *Giorn. stor. della letter. it.*, X (1887), p. 50 e segg.

Per il *Decameron*, I, 7. **1033**

1887. **Schweitzer Ch.,** Un poète allemand au XVIe siècle. Étude sur la vie et les oeuvres de Hans Sachs. — *Paris, Berger, Levrault et C.*[ie] *éditeurs*, 1887, in-8.

Per H. Sachs e Boccaccio. **1034**

1888. **Cocchia Enrico,** La tomba di Virgilio. Contributo alla topografia dell'antica città di Napoli.

In *Arch. storico per le prov. napolet.*, XIII (1888), p. 511 e segg. e 631 e segg.

Per alcune epistole giovanili del Boccaccio.

**1035**

1888. **Mabellini Adolfo,** Due poesie inedite di Giovanni Boccaccio. — *Firenze, Paravia*, 1888.

Queste rime pseudo-boccaccesche furon già pubblicate dall'autore nella *Gazzetta della Domenica* del 22 maggio 1881. **1036**

1888. **Palgrave F. T.,** Chaucer and the Italian Renaissance.

In *The Nineteenth Century*, vol. XXIV (1888), pp. 340-359.

Per Chaucer e Boccaccio. **1037**

1888. **Trojel E.,** Middelalderens elskovshoffer. Litera-
turhistorisk-kritisk undersögelse. — *Kjöbenhaon,
Ritzel,* 1888.

Dalla recensione di R. RENIER in *Giorn. stor.
di letter. it.,* XIII (1889), p. 382.

Per le *Questioni d'amore* del "Filocolo „. **1038**

1888. **Willert H.,** G. Chaucer, The House of Fame.
Text, Varianten, Ammerkungen. Progr. Ostern.,
1888. — *Berlin, Gaertner,* 1888.

Per il Boccaccio (*Amorosa Visione*) e Chaucer.
**1039**

1889. **Biadene Leandro,** Morfologia del sonetto nei
secoli XIII e XIV.

In *Giorn. di filol. romanza,* vol. IV (1889), pp.
233 e segg.

Vedi i rimandi per lo studio metrico dei sonetti
del Boccaccio. **1040**

1889. **Mechan Mac.,** The relation of Hans Sachs to
the "Decameron „. — *Halifax,* 1889. **1041**

1889. **Rubiò y Lluch Anton,** El renacimiento clásico
en la literatura catalana. — *Barcelona,* 1889.

Per le versioni spagnuole del Boccaccio. **1042**

1889. **Wesselofsky Alessandro,** Materiaux et recherches pour servir à l'histoire du roman et de la
nouvelle. Tomo secondo, section slavo-romane. —
*S. Petersbourg,* 1888, in-8.

Cfr. l'ampia recensione di quest'opera scritta in
russo fatta da TH. BATIOUSKOW in *Romania,* XVIII
(1889), pp. 302-314.

Per raffronti tra motivi della novella boccaccesca e motivi della novella russa. **1043**

1889. **Wlislocki (von) Heinrich,** Vergleichende Beiträge zu Chaucers Canterbury-Geschichten.

In *Zeitschrift für vergleichende Litteraturge-*

*schichte und Renaissance-Litteratur*, N. S., II (1889),
pp. 182-199.

Per riscontri col *Decameron*.　　**1044**

1890. The Palace of Pleasure. Elisabethan Versions of
Italian and French Novels from Boccaccio, Bandello, Cinthio, Straparola, Queen Margaret of Navarre and others done into englich by *William
Painter*. Now again edited for the fourth time by
JOSEPH JACOBS. Volumi 3. — *London, Davit Nutt*,
1890.

Sono sedici novelle del Boccaccio: I, 3; I, 8; I,
10; II, 2; II, 3; II, 4; II, 5; II, 8; III, 9; IV, 1;
I, 5; X, 5; X, 3; X, 4; X, 9; VIII, 7.　　**1045**

1890. **Melhuish W. Frognall**, Boccaccio's " Genea-
logy of the Gods „.

In *The Bookworm, an illustrated treasury of
old-time literature*, 1890, pp. 125-128.

Per una stampa illustrata (Jean Petit, 1531)
della versione francese della *Genealogia*.　**1046**

1890. **Savi-Lopez Maria**, La donna italiana del Trecento.

Nel volume *La donna italiana descritta da scrit-
trici italiane in una serie di conferenze tenute
all'esposizione Beatrice in Firenze. — Firenze Civelli*, 1890, pp. 39-62.

Per accenni ai concetti del Boccaccio sulla donna.　　**1047**

1890. **Vecoli Alcibiade**, L'intento morale negli "Eca-
tommiti „ di Gio. Battista Giraldi. — *Camaiore,
Off. tip. di G. B. Benedetti*, 1890, in-8.

Vedi i cap. II e III per il confronto tra l'*orditura* e la *comitiva novellatrice* degli *Ecatom-
miti* con quella del *Decameron*.　　**1048**

1891. **Koeppel Emil**, George Turbervile's Verhältniss zur italienischen Litteratur.

In *Anglia, Zeitscrift für engl. philologie,* XIII
(1891), p. 42 segg.

Per il Turbervile traduttore di una parte del
*Decameron.*                                                    **1049**

1891. **Magistretti Piero,** Sommario della storia letteraria d'Italia con tavole prospettiche. — *Milano,
Casa edit. Fr. Vallardi,* s. a. (ma 1891), in-16.

A pp. 37-47. "Il Boccaccio „: Vita del B. — Vita
e opere del B. — Il *Decamerone* — Giudizi sul
*Decamerone.*                                                  **1050**

1891. **Novati Francesco,** Epistolario di Coluccio Salutati. Volume I. — *Roma,* 1891.

Vedi le pp. 48 e segg., 85 e segg., 156 e segg.
per lettere di Coluccio al Boccaccio e illustrazioni
relative.                                                      **1051**

1892. **Crescini Vincenzo,** Jacopo Corbinelli nella storia degli studî romanzi.

Nel volume *Per gli studî romanzi, saggi ed
appunti.* — *Padova,* 1892.

Per gli studi boccacceschi del Corbinelli e la
critica boccaccesca del 500.                                   **1052**

1892. **Koeppel Emil,** Boccaccio 's " Amorosa Visione „.

Nello scritto *Chauceriana* pubbl. in *Anglia, Zeitschrift für engl. Philol.,* XIV (1892), pp. 233-238.
                                                               **1053**

1892. **Lounsburg Thomas,** Studies in Chaucer, his
life and writings. Vol. 2. — *London,* 1892.

A p. 235 sgg. si parla dei rapporti tra Chaucer e
Boccaccio.                                                     **1054**

1893. **Faraglia N.,** I due amici del Petrarca Giovanni
Barrili e Barbato di Sulmona, con appendice intorno a Giovanni Quatrario.

In *I miei studî storici delle cose abruzzesi.* —

*Lanciano, Rocco Carabba, tip. edit.*, 1893, in 8.
Per gli amici del Boccaccio. **1055**

1893. **Novati Francesco,** Francesco d'Amaretto Mannelli.

In *Giorn. stor. della letter. it.*, XXI (1893), pp.
451-454.

Per il testo famoso del *Decameron.* **1056**

1893. **Owen John,** The skeptics of the italian Renaissance. 2ª edizione. — *London, Swan Sonnenschein
& C.º*, 1893, in-8.

La prima edizione è del 1881.

A pp. 128-147: "Boccaccio„ Vedi l'*Index of subjects* per gli argomenti trattati: studi del B., amicizia col Petrarca, conversione, concetti religiosi
e morali, superstizione, studi danteschi del B., influenza del Petrarca, confronto tra il Boccaccio e
il Pulci, Rime del B., *Commento* a Dante, Carattere
del *Decameron*, scetticismo di esso, fama e popolarità, confronto tra il *Decameron*, gli *Essais* del
Montaigne e il *Morgante Maggiore* del Pulci, la
novella di Guido Cavalcanti, la novella dei tre
anelli; le opere latine, il *Filocolo* ecc. ecc. **1057**

1893. **Truffi Riccardo,** Di una probabile fonte del
Margutte.

In *Giorn. stor. della letter. it.*, XXII (1893),
p. 200 e segg.

A p. 203 si addita una probabile fonte dell'*A-
morosa Visione*, e a p. 205 accenni al *Driadeo d'A-
more* del Pulci e al *Ninfale fiesolano* del Boccaccio. **1058**

1894. **Drescher Karl,** Hans Sachs und Boccaccio.
In *Zeitschrift für vergleichende Litteraturgeschichte*, N. F., VII (1894), pp. 402-416. **1059**

1894. **Genée Rudolph,** Hans Sachs und seine Zeit.
Ein Lebens-und Kulturbild aus der Zeit der Re-

formation, mit 166 in den Text gedruckten Abbildungen, vielen Facsimiles nach den Handschriften
und Notenbeilagen von Meisterliedern. 2ª ediz. —
*Leipzig, Weber*, 1894, in-8.

Per i rapporti tra H. Sachs e il Boccaccio vedi
i rimandi dell'indice.          **1060**

1894. **Hewlett Maurice,** Giovanni Boccaccio as Man
and Author.

In *The Academy*, XLVI (1894), pp. 469-470.

A proposito del libro, così intitolato, di JOHN
ADDINGTON SYMONDS.          **1061**

1894. **Menendez y Pelayo Marcelino,** Antologia de
Poetas liricos castellanos. Volume V. — *Madrid,*
1894.

A p. XIV segg. indicazioni di traduzioni spagnuole del Boccaccio.          **1062**

1894. **Ross Janet,** A stroll in Boccaccio 's country.

In *The National Review*, maggio 1894, pp. 364-
371.

Per il *Ninfale fiesolano*, l'*Ameto* e il *Decameron*.
          **1063**

1894. **Stiefel A. L.,** Hans Sachs Forschungen.

In *Festschrift zur Hans Sachs-Feier, herausgegeben von* MAX KOCH, 1894.

Per Hans Sachs e Boccaccio.          **1064**

1895. **Flamini Francesco,** Gli imitatori della lirica
di Dante e del "Dolce stil nuovo „.

In *Studi di storia letter. ital. e straniera*, Livorno, Giusti, 1895.

Vedi a p. 19 e segg. per il carattere delle rime
del Boccaccio.          **1065**

1895. **Julleville (de) L. Petit,** Histoire de la langue
et de la littérature française des origines à 1900.
Tome II, Moyen âge. P. II. — *Paris, Armand
Colin et C.*ie, 1896, in-8.

Vedi il cap. II per il Boccaccio e i *Fabliaux*, e il cap. VIII per la *Griselda*. **1066**

1896. Histoire littéraire de la France, ouvrage commencé par des religieux bénedictins de la Congrégation de Saint-Maur. Quatorzième siècle. Reproduction facsimilée publiée avec l'autorisation de l'Institut de France. Volume XXIV. — *Paris*, 1896.

Il volume XXIV porta sull'edizione originale la data del 1862: [*Boccace*, dans ses nouvelles, met deux fois en scène l'abbé de Cluni — Est traduit en français, sur une version latine — Reproche à Charles V d'être un Sicambre, et à touts les rois de France de n'être point lettrés — Emprunte à la littérature française le *Filocopo*, le *Filostrato*, plusieurs nouvelles du *Decamerone* et peut-être sa *Theseide*]. Son da consultare anche i tomi XXII e XXIII (1895) per il Boccaccio e i *Fabliaux*, il tomo XVI per il B. e i trovatori della Francia, e il tomo XXVIII per le fonti del *Decameron*, IV, 9 e IV, 1. (Questa parte è dovuta a V. Le Clerc). **1067**

1896. **Biagi Guido,** Aneddoti letterari. 2ª edizione. — *Milano, Treves*, 1896, in-8.

La prima edizione è del 1887.

Vedi a p. 282-326: " La rassettatura del *Decamerone*,, e a p. 327-332 " Il Decamerone giudicato da un contemporaneo,, scritti già pubblicati sparsamente. **1068**

1896. **Chiarini Giuseppe,** Le fonti del mercante di Venezia.

In *Studi Shakespeariani, Livorno, Giusti*, 1896, in-16. (Articolo pubblicato la prima volta nel 1892).

Vedi le pp. 172 e segg. per rapporti tra Giov. Gower, G. Shakespeare e *Decameron*, X, 1. **1069**

1896. **Rüdiger W.,** Petrus Victorius aus Florenz. — *Halle, a. S.*, 1896.

Per le difese del *Decameron* fatte da P. Vettori.
**1070**

1896. **Trabalza Ciro,** Della vita e delle opere di Francesco Torti di Bevagna. — *Bevagna*, 1896.

Per la critica boccaccesca del Torti. **1071**

1897. **Bacci Orazio,** Della prosa volgare del Quattrocento. — *Firenze*, 1897.

Per l'influenza del Boccaccio sulla prosa letteraria di questo tempo. **1072**

1897. **Gusmini G.,** Sommario storico della letteratura italiana per le scuole secondarie, secondo i programmi governativi. 2ª edizione corretta ed ampliata. — *Bergamo, tip. S. Alessandro*, 1897, in-16.

La 1ª edizione è del 1893. Vedi a pp. 59-63, Vita ed opere di Giovanni Boccaccio: [Notizie della vita — Opere del Boccaccio — Divisione — Opere latine — Opere italiane poetiche — Opere prosastiche minori — Il *Decamerone*]. **1073**

1897-99. **Abele W.,** Die antiken Quellen des Hans Sachs. — *Cannstadter, Realschulprogramme* 1897-99.

Per Hans Sachs e Boccaccio. **1074**

1898. **Bacci Orazio,** Di alcuni caratteri delle prose di Franco Sacchetti.

In *Saggi letterari.* — *Firenze, Barbèra,* 1898. Vedi le pp. 3-24, per il Sacchetti e il Boccaccio. **1075**

1898. **Levi A. R.,** Storia della letteratura inglese dalle origini al tempo presente. Volume I (Dal periodo celtico alla morte di Elisabetta). — *Palermo, Alberto Reber,* 1898, in-8.

Vedi il cap. II della Parte II per Chaucer e Boccaccio: [Chaucer s'inspira a Dante, a Petrarca, e a Boccaccio — Le novelle di Canterbury — Perchè non si possono paragonare il *Decameron* di Boccaccio, le *Canterbury Tales* di Chaucer e l'*Hep-tameron* di Margherita di Navarra]; e il cap. VIII della parte IV: [Il soggetto di *Troilo* e *Cressida* trattato dal Boccaccio (*Filostrato*), da Chaucer, dai novellieri e dai romanzieri della guerra di Troia. — Costumi e linguaggio degli eroi shakespeariani del *Troilo* e *Cressida* — La *Cressida* dello Shakespeare e la *Griselda* del Boccaccio]. **1076**

1898. **Marpillero G.**, I suppositi di Lodovico Ariosto. In *Giorn. stor. della letter. it.*, XXXI (1898), p. 291 e segg.

> Per la fortuna del *Decameron*, VIII, 7. **1077**

1898. **Peter A.**, Des Don Francisco de Rojas Tragödie "Casarse por vengarse„ und ihre Bearbeitungen in den anderen Literaturen.

> In *Jahresbericht des Gymnasiums zum heil. Kreuz in Dresden*, 1898.
> Per il *Decameron*, IV, 1. **1078**

1899. **Giannini Giovanni**, Tavole sinottiche per lo studio della storia letteraria d'Italia. — *Livorno, Giusti*, 1899, in-16.

> Vedi le pp. 36-41: Vita di Giovanni Boccaccio. Opere minori di G. B. — Il *Decameron*. **1079**

1900. **Barbi Michele**, Studi di Manoscritti e Testi inediti. La raccolta Bartoliniana di rime antiche e i codici da essa derivati. — *Bologna, Zanichelli*, 1900, in-8.

> A p. 38 n. 2 pubblica l'inedito sonetto del Boccaccio *Poi Satiro*, e indica qua e là manoscritti di rime boccaccesche. **1080**

1900. **Finzi Giuseppe**, Petrarca. — *Firenze, G. Barbèra, editore*, 1900, in-16.

> Vedi i cap. IV e V per le visite del Boccaccio al Petrarca. **1081**

1900. **Foffano Francesco**, L'estetica della prosa volgare nel Cinquecento. — *Pavia*, 1900.

Per l'influenza della prosa boccaccesca sulla prosa letteraria del 500. **1082**

1900. **Massèra Aldo Francesco**, Di un importante manoscritto di antiche rime volgari.

In *Rivista delle biblioteche e degli archivi*, XI, 1900, pp. 64-80.

Si tratta del codice Cugnoni (Rezzi), la silloge più grossa di sonetti boccacceschi. **1083**

1901. **Krauss Ingo**, Das portrait Dantes. — *Berlin, B. Paul*, 1901. (Tesi di laurea di Erlangen, ripubblic. poi nei *Monatsberichte über Kunstwissenschaften und Kunsthandel*, 1901, fasc. 11 e 12, e 1902, fasc. 1, 2, 9.

Interessa anche la *Vita di Dante* del Boccaccio. **1084**

1901. **Massarani Tullo**, Storia e fisiologia dell'Arte di ridere. Volume secondo. — *Milano, Hoepli*, 1901, in-16.

Vedi Lib. IV cap. 18: (pp. 29-44) Dalla *Commedia* alla Novella. — Giovanni Boccaccio. — Il *Filocopo* e il *Filostrato*. — Le fonti del *Decameron*. — La primavera del mondo civile. — Le accuse d'irreligiosità. — Le difese. — Gismonda da Salerno. — Un lanajuolo a feudali orecchie. — Giletta da Narbona. — Storie di Grandi. — I falsi profeti. — Cimone e l'alta idea dell'amore. — La Novellistica popolare nel *Decameron*.

Vedi anche, del cap. seg., le pp. 58-63 per Boccaccio e Chaucer (*Filostrato* e *Teseide*) e la p. 345, per un accenno al Cervantes imitatore del *Decameron*, II, 9. **1085**

1901. **Toldo Pietro**, Quelques sources italiennes du théatre comique de Houdard de la Motte.

In *Bulletin italien*, I (1901), p. 200 e segg.

Per il *Decameron* III. 5; III, 6; II, 2. **1086**

1902. Novella di Messer Giovanni di Chellino Boccaccio da Certaldo ritrovata da Messer Niccoluccio da Magrino a honore della gentil donzella Rituzza de' Pepi ecc. — *Firenze, Ramella*, 1902, in-8.

Scherzo pubblicato per nozze. **1087**

1902. **Usai Roberto**, In onore di Dante. — *Cagliari, Stab. tip. G. Dessi*, 1902, in-8.

Per brani di opere boccaccesche riferentisi a Dante. **1088**

1903. **Butti Attilio**, L'opera di Antonio Cesari nella novella.

In *Giorn. stor. d. lett. it.*, XLII (1903), pp. 305-349

Per la fortuna, presso il Cesari e i puristi suoi imitatori, della lingua del Boccaccio e di alcune sue novelle (*Decameron*, IV, 2; VIII, 2; IX, 3; X, 10). **1089**

1903. **Creizenach Wilhelm**, Geschichte des neueren Dramas, III Band, Renaissance und Reformation. Zweiter Theil. — *Halle, a. S. Niemeyer*, 1903, in-8.

Per H. Sachs e Boccaccio. **1090**

1903. **Dinsmore Charles A.**, Aids to the Study of Dante. — *Boston and New-York, Houghton, Mifflin and Compang*, 1903, in-8.

Nel 2º cap. parlando della vita di Dante, riporta la *Vita di Dante*, del Boccaccio, e lo scritto, già citato, del Moore, sull'attendibilità di essa.

**1091**

1903. **Fresco Ulisse**, Matteo Bandello e le sue novelle Note ed appunti. — *Camerino, Savini*, 1903, in-8.

Per il Bandello e il Boccaccio. **1092**

1903. **Toldo Pietro**, Rileggendo le " Mille e una notte„ In *Miscellanea di studi critici ed. in onore di*

*A. Graf.* — Bergamo, Ist. it. d'arti grafiche, 1903, in-4, pp. 491-505.

Per alcuni precedenti della novella di Masetto da Lamporecchio (*Decameron*, III, 1). **1093**

1093. **Torraca Francesco,** Un passo oscuro di G. Chaucer.

In *Journal of comparative literature*, I (1903).
Per la conoscenza che ebbe Chaucer del Boccaccio. **1094**

1904. **Bucalo Filippo,** La riforma morale della Chiesa nel medio-evo e la letteratura antiecclesiastica italiana dalle origini alla fine del sec. XIV. — *Milano-Palermo-Napoli, R. Sandron edit.*, 1904, in-8.

V. le pp. 168-174: Il Boccaccio e le sue satire antiecclesiastiche nel *Decameron*. **1095**

1904. **Cian Vittorio,** Nugellae vulgares? Questione petrarchesca.

In *La Favilla*, 1904, fasc. petrarchesco.
Per il giudizio del Petrarca sul *Decameron*.

**1096**

1904. **Farinelli Arturo,** Note sulla fortuna del Petrarca in Ispagna nel Quattrocento.

In *Giorn. stor. d. letter. it.*. XLIV (1904), pp. 297-350.

Accenna anche alla fortuna del Boccaccio in genere e di due novelle (IV, 1 e X, 10). **1097**

1904. **Gigli Giuseppe,** I sonetti Baiani del Boccaccio.
In *Giorn. stor. d. letter. it.*, XLIII (1904), pp. 299-311. **1098**

1904. **Siefken O.,** Der Konstanze-Griseldetypus in der englischen Literatur bis auf Shakespeare [prog ginn. di Ruthenow, 1904].

Per *Decameron*, X, 10. **1099**

1904. **Zappia E. V.,** Studi sulla "Vita Nuova „ di

Dante. Della questione di Beatrice. — *Roma, E. Loescher e C.*, 1904, in-8.

Interessa anche per ]l'attendibilità del *Commento* e della *Vita di Dante* del Boccaccio. **1100**

1905. **Albini Giuseppe,** L'egloga di Giovanni Del Virgilio ad Albertino Mussato. — *Bologna, Zanichelli,* 1905, in-8. (Estr. dagli *Atti e Memorie* della R. Deput. di storia patria per la Romagna, 3' serie, vol. XXIII).

Per l'autografo boccaccesco Laurent. XXIX, 8 **1101**

1905. **Del Balzo Carlo,** L'Italia nella letteratura francese dalla caduta dell'impero romano alla morte di Enrico IV. — *Torino-Roma, Casa edit. naz. Roux e Viarengo*, 1905, in-8.

Per la fortuna del Boccaccio in Francia, vedi i cap. V e IX. Cfr. però la recensione di P. TOLDO in *Giorn. stor. della letter. it.,* XLVII (1906), p. 377 e segg., dove si addita anche l'imitazione del *Decameron,* IX, 9, in una farsa francese del sec. XV (Pont aux asgnes). **1102**

1905. **Giannini Alfredo,** Una fonte di una novella del Boccaccio.

In *Fanfulla della Domenica,* 27 agosto 1905.
Per il *Decameron,* VIII, 6. **1103**

1905. **Menéndez y Pelayo Marcelino,** Orígenes de la novela. Tomo I. Introducción. Tratado histórico sobre la primitiva novela española. — *Madrid, Bailly, Baillière é hijos*, 1905.

Per accenni all'influenza della novella boccaccesca sulla novella spagnuola. **1104**

1905. **Piano E.,** Lezioni popolari di letteratura italiana sul Trecento. — *Mantova, tip. Università popolare*, 1905, in-16.

Per le lezioni relative al Boccaccio. **1105**

1905. **Schiff Mario,** La bibliothèque du Marquis de Santillane. — *Paris,* 1905. [Fasc. 153 della *Bibliothèque de l'école des hautes études*].

A pp. 327-344 : " Boccace „. (Opere del Boccaccio e trad. spagnuole del B. facenti parte della Biblioteca di Don Iñigo Lopez de Mendoza, ora nella Bibl. Nazion. di Madrid). A pp. 345-351 : " Traducteurs et Traductions de Boccace en Espagne „. (*De Casibus, Genealogia gdeorum, De Montibus, De Claris mulieribus*).

**1106**

1905. **Spingarn J. E.,** La critica letteraria nel rinascimento. Saggio sulle origini dello spirito classico nella letteratura moderna. Traduzione italiana del Dr. ANTONIO FUSCO, con correzioni e aggiunte dell'autore e prefazione di BENEDETTO CROCE. — *Bari, Gius. Laterza & figli,* 1905, in-8.

L'edizione originale, già ricordata, è del 1899.

Vedi a pp. 12-13, 18 etc., per il Boccaccio e i suoi criterii sulla poesia. **1107**

1905. **Toldo Pietro,** Les morts qui mangent.

In *Bulletin italien,* V (1905), fasc. 3, pp. 291-297.

Per il *Decameron,* III, 8. **1108**

1906. Antologia delle opere minori volgari di GIOVANNI BOCCACCIO con introduzione e commento di GIUSEPPE GIGLI. — *In Firenze,* G. C. Sansoni, editore, 1907, in-16.

Le introduzioni si riferiscono al *Filostrato, Teseide, Amorosa visione, Ninfale fiesolano, Filocolo, Ameto, Fiammetta, Corbaccio, Vita di Dante, Commento, Lettera a Messer Pino de' Rossi, Rime.*

**1109**

1906. **Boghen Conigliani Emma,** Giovanni Boccaccio e i novellisti minori del secolo XIV: letture scelte e annotate ad uso delle rr. scuole normali. — *Firenze, R. Bemporad e figlio*, 1906, in-16,

**1110**

1906. **Cunliffe John W.,** Gismond of Salern.

In *Publications of the modern language Association of America*, XXI, 1906, fasc. 2°.

Per le fonti e la fortuna di questa novella (*Decameron*, IV, 1) nella letteratura inglese. **1111**

1906. **Dejob Charles,** La foi religieuse en Italie au
xive siècle. — *Paris, Fontemoing*, 1906, in-18.

Si tratta anche del Boccaccio per rispetto ad
alcune novelle del *Decameron*, e alle accuse fat-
tegli d'irreligiosità, nelle pp. 47-51-59-61, 246-250.

**1112**

1906. **Drescher Karl,** Zu Boccaccios Novelle Dekameron VIII, 6.

In *Studien zur vergleichende Litteraturgeschichte*, VI (1906), fasc. 3. **1113**

1906. **Gioe A.,** Iohannis Boccacci florentini scriptoris
ex libro qui Decameron inscribitur narratio selecta.
— *Palermo, tip. fratelli Veno*, 1906, in-8.

La traduzione latina della novella di Guido Cavalcanti (*Decameron*, VI, 9). **1114**

1903. **Hauvette Henri,** Littérature italienne. — *Paris,
A. Colin*, 1906, in-8.

Vedi del Cap. I (*Les Grands précurseurs de la
Renaissance*) la 2ª parte, § III (p. 141-150): *Boccace, ses oeuvres de jeunesse et le Décaméron*, e il
§ 4 (p. 151) " *Retour à la tradition médiévale* ,,. Cfr.
anche, per il Boccaccio e l'umanesimo il § 1 (p. 160),
*Origines de l'humanisme*, del Cap. II (*L'Umani-
sme*). **1115**

1906. **Lanzalone Giovanni,** Sulla "Griselda,, del Boccaccio.

In *Rassegna nazionale*, 16 aprile 1906, pp. 684-
687. **1116**

1906. **Longinotti Emma** e **Baccini Manfredo**, La letteratura italiana nella storia della cultura. — *Firenze, Sansoni*, 1906, in-8.

Vedi le pp. 383-397 relative al Boccaccio: 1 Giovanni Boccaccio. — 2. Le opere minori di G. B. — 3. Lo spirito di G. Boccaccio nelle opere minori e nel Decamerone. **1117**

1906. **Lowes John L.,** The prologue of the " Legend of good women „ considered in its chronological relations.

In *Publications of the Modern language Association of America*, XX, 1906.

Interessa il *Filostrato* del Boccaccio. **1118**

1906. **Manacorda Guido,** Beziehungen Hans Sachsens zur italienischen Literatur.

In *Studien zur vergleichende Litteraturgeschichte*, VI (1906), fasc. 2.

Per Hans Sachs e Boccaccio. **1119**

1906. **Mattioli Vincenzo,** Appunti su l' " Ameto „ di Giovanni Boccaccio. — *Camerino, tip. Savini*, 1906, in-8.

[1. Breve esposizione del contenuto dell'Ameto. 2. Un'osservazione sui racconti delle Ninfe. 3. I personaggi dell'Ameto sono personaggi reali? 4. Nel personaggio di Ameto può il Boccaccio aver raffigurato sè stesso? 5. L'arte e il sottile ingegno di Lia. 6. La prima egloga in volgare e una strana interpetrazione di Attilio Hortis. 7. Il canto del pastore Teogapen. 8. Su alcuni pregi e difetti dell'Ameto]. **1120**

1906. **Neri Ferdinando,** Nota sulla letteratura cortigiana del Rinascimento.

In *Bulletin italien*, VI (1906), pp. 125-132.

Per un anonimo romanzo del 500 ispirato alla *Fiammetta*, **1121**

1906. **Torelli Achille,** L'arte e la morale. Conferenze.
— *Portici, Prem. Stab. Tip. Vesuviano E. Della
Torre,* 1906, in-8. (Volume IV delle opere).

Vedi la conferenza XVII (p. 403 e segg.) per
il *Decameron* e la morale. **1122**

1906- **Tosi Ina,** Longfellow e l'Italia. — *Bologna, N.
Zanichelli,* 1906, in-16.

Vedi le pp. 89-99 per le relazioni tra i racconti
di Longfellow e le novelle del Boccaccio in generale e particolarmente per la novella del Falcone
(*Decameron,* V, 9). **1123**

1906. **Traversari Guido,** Appunti sulle redazioni del
" De Claris Mulieribus „ di Giovanni·Boccaccio.

In *Miscellanea di studi critici* pubblicati in onore di GIUDO MAZZONI dai suoi discepoli per cura
di A. DELLA TORRE e P. L. RAMBALDI Firenze,
1907, tomo I, pp. 225-251. **1124**

1906. **Widmann Gustavo,** Griseldis in der deutschen
Literatur des 19 Jahrhunderts. Ein Beitrag zur
Behandlung eines mittelalterlichen Stoffs in der
neuesten Zeit.

In *Euphorion, Zeitschift für Literaturgeschichte,* XIII (1906), fasc. 1, p. 1 segg., fasc. 3,
pp. 535 segg. **1125**

1906. **Wilkins E. H.,** Calmeta.

In *Modern language notes,* XXI, 7.

Per l'identificazione del *Calmeta* del *Filocolo*
(episodio di *Idalagos*) con Andalò di Negro. **1126**

# AGGIUNTE E CORREZIONI[1]

### 18 e 19.

Questi due numeri van riuniti in uno. Lo scritto, anonimo, è però di Lucantonio Ridolfi (Cfr. HORTIS, *Studi*, p. 696): " Ragionamento havuto in Lione da Claudio de Herberé gentil' huomo Franzese & da Alessandro degli Uberti gentil' huomo fiorentino sopra alcuni luoghi del Cento Novelle del Boccaccio, i quali si troveranno secondo i numeri delle carte del Decamerone stampato da G. Rouillio, l' Anno M.D.LV, in Lione, appresso Guglielmo Rouillio, 1557 „.

### 28.

Dopo questo numero è stato omesso: MARIO EQUICOLA, *Di natura d'amore, di nuovo ricorretto* ecc. — In Venetia, Appresso G. B. Ugolino, 1583. (La prima edizione è del 1525). Nel Libro I, c. 22 v. — 27 v. (Giovanni Boccaccio), si parla del carattere dell'amore del B., e si esaminano, per questo, le sue opere volgari.

### 49.

Oltre all' " Istoria del Decamerone „, vanno citate del MANNI, *Le Veglie piacevoli ovvero vite de' più bizzarri e giocondi uomini toscani, le quali possono servire di utile trattenimento*, Firenze, 1757-8 (Tomo I e II), Ve-

---

[1] Si rimanda ai numeri della Bibliografia, ai quali si riferiscono le correzioni e le omissioni.

nezia, 1760 (Tomo III e IV). Vedi nel Tomo I (pp. 1-24), le "Notizie di Guccio Imbratta „, per *Decameron*, IV, 7 e VI, 10; nel Tomo II (pp. 3-27), la "Vita di Calandrino „; nel Tomo IV (pp. 3-21), le "Notizie di Maestro Simone medico „, per il *Decameron*, VIII, 9 e IX, 3. Cfr. anche l'edizione di Venezia del 1762 e la seconda di Firenze, 1815.

### 55.

Le lettere del Lami sul "Decamerone „ son contenute anche nel Tomo XV, pp. 545, 561, 577 e nel Tomo XVI, pp. 705, 769 delle *Novelle letterarie* di Firenze, e si riferiscono al *Decameron*, I, 3; II, 7; II, 9; IV, 1; IV, 4; V, 4.

### 79.

L'articolo del Perticari intorno alla *Passione di Cristo* è ristampato nel vol. I delle *Opere* (Bologna, Guidi, 1839; p. 234 e segg.).

### 151.

Dopo questo numero è stato omesso: ORESTE RAGGI, *Certaldo e la casa del Boccaccio, reminiscenze di un viaggio in Toscana* ecc., in *La Polimazia di famiglia, 1853, nn. 8 e 9.*

### 184 e 185.

La prima " Disamina critica del testo di lingua il "Filocopo „ del Boccaccio „ del p. Sorio è contenuta nel Vol. VII, Serie III degli *Atti dell' Istituto* Veneto, p. 596-616; la "Lettura seconda „ nel Vol. X, Parte I (pp. 635-653); c'è poi una " Lettura terza „ (Ivi, pp. 655-673); una " Lettura quarta „, nella Parte II dello stesso Vol. X; infine le "Lettere quinta, sesta e settima „ nel Vol. XI' Parte II, pp. 735-761; 762-786; 787-813.

### 351.

Dopo questo numero sono stati omessi due articoli di C. CANETTA, *Sulla data della composizione della Fiammetta* in *Opinione letteraria*, 25 maggio 1882; e *Il Capitolo IX della Fiammetta di Giovanni Boccaccio e l'Elegia I del I Libro de' " Tristium „ di Ovidio,* in *Opinione letteraria*, 6 aprile 1882.

### 352 bis.

Dopo questo numero è stato omesso: A. DE GUBERNA-
TIS, *Storia del Romanzo,* Milano, Hoepli, 1883, pp. 182-
189, per quanto si riferisce alla *Fiammetta.*

### 382 bis.

Questo numero non è alfabeticamente al suo posto.

### 545.

Dopo questo numero è stato omesso: J. BÉDIER, *Les
fabliaux études de littérature populaire et d'histoire littéraire du moyen age,* Paris, 1893, in 8º. Interessa per raffronti e rimandi al *Decameron,* I, 4; III, 8; IV, 8; V,
9; VII, 4; VII, 7; VII, 8; VII, 9; VIII, 8; IX, 6.

### 565.

Degli *Studi di letterature straniere* dello Zumbini è
ora uscita la seconda edizione (Firenze, Succ. Le Monnier, 1907). Lo scritto su Nathan il Savio si riferisce al
Decameron, I, 2; I, 3; V, 5; X, 3; X, 9. Lo Zumbini
aveva già accennato ai rapporti tra il Lessing e il Boccaccio nel *Fanfulla della Domenica,* 7 dic. 1884 (Nathan der Weise e il movimento antisemitico), e già ne
aveva parlato J. CARO, *Lessing und Swift. Eine Studie
über Nathan der Weise,* Jena, 1869, p. 31 e seguenti.

### 698.

Gli *Extraits de Boccace,* pubblicati dall'Hauvette,
non sono del 1900, ma del 1901, ed è da ricordarsi l'introduzione (pp. 1-22) relativa alla vita e alle opere del
Boccaccio.

### 768.

Il libro del Cavazzuti su Lodovico Castelvetro non
è del 1902, ma dell'anno 1903.

### 889 e 890.

Gli scritti portanti questi numeri appartengono al
1904, e vanno quindi trasportati a quell'anno.

# INDICE DEI NOMI [1]

---

[1] Si rimanda al numero d'ordine degli scritti. I numeri in corsivo non si riferiscono ad autori di scritti boccacceschi.

BENI Paolo, 942.
BERGAMO (da) Filippo, v. FORESTI.
BERGANTINI Giampietro, 57.
BERNICOLI G., 661.
BERNIÈRES (de) Jean, 428.
BERRI Giovanni, 223.
BERTINO Giovanni, 805, 806.
BETUSSI Giuseppe, 11, *183*.
BETZ Louis P., 807.
BEZZUOLI G., *966*.
BIADEGO Giuseppe, 675.
BIADENE Leandro, 429, 1040.
BIAGI Guido, 280, 366, 695, *730*, 782, 1068.
BIANCHI-GIOVINI Aurelio, 142.
BIANCHINI Giuseppe, 402, 605.
BISCIONI Anton Maria, 41.
BOCCALINI Traiano, 37.
BOCCHI Francesco, 34, 136.
BODE G. H, 963.
BOGHEN-Conigliani Emma, 889, 1110.
BOISSARD Jacopo, 35.
BOLOGNA L., 618.
BONAFEDE Appiano, 58.
BONAVENTURA Arnaldo, 692.
—            Tommaso, 75.
BONGHI Ruggero, 155.
BONILLA Adolfo, 736.
BONNEAU Alcide, 431.
BONNET Jules, 971.
BONUCCI Anicio, 141.
BORGHESI Peter, 808.
BORGHINI Vincenzo, 24, 137, 166, 950.
BORGI C. J., 348.
BORGOGNONI Adolfo, 350.
BORROMEO Anton Maria, 956.
BOSSI Girolamo, 23.
BOTTARI Giovanni, 77.
BOURLAND C B., 764.
BOYER D'AGEN A. J., 393.
BOZZO Giuseppe, 230, 267 *bis*.
BRAGGIO Carlo, 371, 586.
BRANCA Emilia, *360*.

# INDICE DELLE MATERIE

---

Si vedano anche le *Aggiunte e correzioni,* alle quali si rimanda con la sigla *A*.

Culto per il B., 862 (v. *Fortuna*).
Cultura del B., v. *Erudizione, Studi, Umanesimo.*
Curzio Rufo, il B. e, 288,

Dante, versi per, 257, 501, 546, 778, 841.
— Div. Commedia scritta dal B., 87, 501, 609, 891.
— Culto del B. per, 604, 609, 623.
Dante e Boccaccio in genere, 51, 72, 87, 181, 202,
    263, 272 *bis*, 288, 293, 368, 428, 447, 485, 501, 512,
    513, 519, 604, 609, 622, 623, 640, 643, 658, 662,
    663, 667, 671, 673, 687, 712, 727, 778, 795, 839,
    850, 934, 1029, 1088.
Dante Petrarca e Boccaccio, v. *Petrarca, Dante e B.*
Danteschi, studi del B., 151, 263, 272 *bis*, 288, 368,
    428, 447, 517, 519, 622, 623, 643, 658, 662, 663,
    678, 687, 727, 841, 875, 886, 896, 915, 1057.
Da Porto Luigi e B., 776.
Da Prato Giovanni e B., 200, 653.
De Acosta, v. *Acosta.*
De Ayala López Piero, v. *López.*
Decameron in generale, 10, 17, 18, 19, 24, 25, 30, 33,
    39, 42, 43, 44, 45, 48, 49, 53, 53 *bis*, 55, 65, 69,
    71, 73, 76, 77, 78, 80, 81, 82, 83, 86, 89, 92, 101,
    106, 110, 111, 116, 117, 119, 120, 123, 127, 132,
    133, 140, 148, 155 *bis*, 169, 170 *bis*, 172, 175, 182,
    187, 191, 192, 193, 194, 198, 199, 200, 207, 211,
    212, 217, 222, 229, 230, 234 *bis*, 237, 238, 249,
    251, 255, 263, 265, 266, 268 *bis*, 269, 271, 279,
    280, 282, 283, 284, 286, 289, 299, 302, 305, 313,
    314, 315, 319, 322, 330, 333, 336, 339, 340, 345,
    350, 351, 354, 357, 363, 366, 371, 372, 373, 374,
    376, 379, 388, 390, 394, 397, 402, 404, 408, 413,
    415, 419, 426, 429, 430, 431, 443, 446, 448, 451,
    453, 463, 465, 469, 475, 476, 477, 491, 499 *bis*, 502,
    503, 505, 506, 508, 509, 511, 512, 513, 517, 522,
    523, 533, 534, 541, 543, 545, 551, 561, 568, 592,
    593, 597, 600, 622, 631, 654, 658, 669, 682, 700,
    712, 714, 721, 724, 749, 762, 772, 775, 784, 789,
    802, 806, 813, 815, 816, 817, 829, 830, 831, 832,
    836, 838, 840, 851, 852, 855, 863, 870, 872, 875, 883,
    893, 905, 921, 922, 924, 934, 954, 967, 973, 978, 979,

— giudicato da un contemporaneo, 366, 1068.

— imitatori e imitazioni del, 53, 187, 196, 198, 201 *bis*, 226 *bis*, 234 *bis*, 237, 238, 252 *bis*, 263, 329, 329 *bis*, 339 *bis*, 340, 352, 374, 388, 413, 426 *bis*, 453, 469, 499 *bis*, 502, 503, 505, 506, 510, 513, 518, 522, 523, 534, 538, 541, 542, 551, 555, 559, 565, 585, 594, 595, 601, 603, 605, 615, 619, 620, 621, 624, 628, 638, 649, 653, 654, 658, 660, 664, 675, 702, 703, 704, 709, 710, 737, 738, 739, 742, 755, 759, 760, 764, 779, 783, 786, 793, 794, 804, 805, 808, 816, 826, 829, 832, 834, 836, 851, 852, 870, 872, 903, 927, 934, 984, 997, 1009, 1019, 1020, 1026, 1027, 1028, 1032, 1041, 1044, 1048, 1076, 1087, 1089, 1092, 1102, 1110 e *A*. (V. anche *Fortuna, Novella, Novellisti, Teatro* ecc.).

— Influenza del, v. *Fortuna, Imitazioni*.

— lingua del, v. *Stile*.

— manoscritti del, 89, 110, 149, 264, 339, 429, 448, 493, 533, 784, 803, 958.

— mariti nel, 463.

— materia del, 14, 180, 182, 217, 222, 302, 446, 463, 476, 508, 509, 523, 629, 631, 633, 777, 875, 940, 978, 1067.

— miniato, 288, 958.

— mogli nel, 463.

— morale nel, 512, 517, 578, 669, 696, 712, 875, 1122.

— novellatori e novellatrici del, 476, 522, 893, 1048.

— orditura del, 1048.

— oscenità del, 512.

— paesaggio nel, 164, 305, 863, 1063.

— parafrasato, 241, 288, 451, 510, 541, 615, 653, 938.

— personaggi del, 305, 476, 512, 631.

— peste (descrizione della) nel, 78, 204, 288, 310, 878.

— politica nel, 712, 875.

— popolarità del, v. *Fortuna*.

— popolo nel, 712, 724, 875.

— preti nel, 512, 1095.

— prologo del, 738, 752.

— purgato, v. *Corretto*.

— raffrontato con altre opere, 237, 345, 512, 622,

Giletta di Nerbona, novella di, (*Decameron*, III, 9), 760, 1032, 1045, 1085.

Ginevra la bella, novella di, (*Decameron*, X, 6), 288, 921, 1085.

Giocolo (Del) Piero, 653.

Giotto e Messer Forese di Rabatta, novella di, v. *Forese*.

Giovanna Papessa, v. *Papessa*.

Giovanna, regina, 288, 305, 915, 1002.

Giovanni (ser) Fiorentino e B., 238, 506.

Giovanni da Prato, v. *Da Prato*.

Giovenale, il B. e, 288.

Gioventù del B., 233, 263, 305, 434, 513, 527, 658, 895, 915, 986, 1009.

Giraldi Cinzio Gio. Battista e B., 238, 805, 1048.

Girolamo, il B. e s., 288.

Gisippo e Sofronia, novella di, v. *Sofronia*.

Gismonda e Guiscardo, novella di, v. *Tancredi*.

Giuliano, il Paternostro di S., 77, 132, 271, 288, 419, 553, 560, 777, 787, 802, 815.

Giulio Celso, il B. e, 109, 288.

Giuristi, il B. e i, 288, 305, 778, 841, 895, 915.

Giuseppe Flavio, il B. e, 288.

Giustino, il B. e, 288.

Giuvenco, il B. e, 288.

Glossari medievali, il B. e i 288, 915.

Goethe Volfango e B., 523.

Gómez Alvar e B., 736.

Gower Giovanni e B., 1069.

Gozzi Carlo e B., 238.

— Gaspare e B., 238.

Grammatica volgare del B., 3, 4, 5, 6, 7, 8, 9, 10, 13, 14, 16, 17, 18, 19, 20, 21, 22, 23, 24, 25, 28, 29, 36, 53, 57, 66, 77, 83, 86, 106, 249.

Granucci Nicolao e B., 238.

Grazzini Anton Francesco e B., 238, 624, 776.

Greco, il B. e il, 65, 71, 127, 155 *bis*, 228, 257, 288, 305, 454, 474, 512, 515, 529, 530, 554, 778, 841, 915, 949, 986.

Greene Robert e B., 534, 776.

Gregorio (S.) il B. e, 288.

Griselda, novella di, (*Decameron*, X, 10), 149, 172,

278, 288, 305, 339, 356, 422, 429, 442, 448, 466,
472, 493, 516, 519, 532, 533, 544, 572, 587, 588,
590, 591, 609, 626, 740, 778, 784, 793, 798, 803,
867, 868, 869, 896, 898, 911, 913, 915, 955, 958,
1010, 1056, 1080, 1083, 1106, 1124.

Mansion Colard, 288.

Manuel Giovanni e B., 387.

Manzoni Alessandro e B., 622, 878.

Mapes Gualtiero, il B. e, 387.

Marchesana di Monferrato, novella della, (*Decameron*, I, 5), 147, 1016, 1045.

Mare, il B. e il, 902.

Margherita di Navarra e B., v. *Navarra*.

Martellino, novella di, (*Decameron*, II, 1), 77.

Martinez Alfonso de Toledo, e B., 736.

Martino (fra) da Signa, v. *Signa*.

Martino Polono, il B. e, 288.

Marziale, il B. e, 278, 288.

Marziano Capella, il B. e, 288.

Masetto da Lamporecchio, novella di (*Decamèron*, III, 1), 542, 1093.

Masson Papirio e B., 877.

Mastro Simone, nov. di, v. *Simone*.

Masuccio Salernitano e B., 238, 653.

Mazzeo di Salerno, novella di, (*Decameron*, IV, 10), 921.

Medici (de') Lorenzo e B., 653.

Medicina e medici, il B. e la, 268 *bis*.

Melbancke Bryan e B., 534.

Melchisedech giudeo, novella di (*Decameron*, I, 3), 55, 77, 210, 225, 390, 404, 426, 565, 598, 702, 739, 806, 831, 934, 981, 1045, 1057 e *A*.

Mercatura, il B. e la, 263, 305, 434, 512, 895, 915.

Messer Alberto, Messer Torello, novelle di. v. *Alberto*, *Torello*.

Metge Bernardo e B., 552, 793.

Metrica, il B. e la, 305, 1040.

Mexia e B., 793.

Micillo, 288.

Mileto (di) Cecco, v. *Forlì*.

Miniatori del B., 288, 958.

Misoginismo del B., v. *Antifemminismo*.

Mitografo, il B., v. *Genealogia deorum*.

77, 231, 232, 252 *bis*, 288, 350, 510, 512, 705, 852, 886, 934, 985. — **V, 9**; 246, 252 *bis*, 523, 1123 e *A.* — **V, 10**; 26, 735, 755, 855. — **VI, 2**; 1026. — **VI, 4**; 288. — **VI, 5**; 742. — **VI, 9**; 255, 1057, 1114. — **VI, 10**; 77, 934 e *A.* — **VII, 1**; 77, 755. — **VII, 2**; 26, 735, 855, 921, 981. — **VII, 4**; 288, 755, 855, 908, 981 e *A.* — **VII, 5**; 734, 934. — **VII, 6**; 269, 855, 983. — **VII, 7**; 829 e *A.* — **VII, 8**; 755 e *A,* — **VII, 9**; 997 e *A.* — **VII, 10**; 339 *bis*. — **VIII, 1**; 997. — **VIII, 2**; 193, 1089. — **VIII, 3**; 288, 755, 762, 817. — **VIII, 4**; 603. — **VIII, 6**; 77, 1103, 1113. — **VIII, 7**; 1045, 1077. — **VIII, 8**; 169, 193 e *A.* — **VIII, 9**; 77, 755 e *A.* — **VIII, 10**; 363, 551, 855. — **IX, 1**; 240, 288. — **IX, 3**; 816, 1089 e *A.* — **IX, 4**; 288. — **IX, 5**; 77, 603. — **IX, 6**; 426 *bis* e *A.* — **IX 9**: 333, 766, 1102. — **IX, 10**; 288. — **X, 1**; 351, 643, 959, 1069. — **X, 3**; 252 *bis*, 565, 1045 e *A.* — **X, 4**; 288, 789, 1045. — **X, 5**; 77, 106, 110, 282, 522, 755, 759, 789, 1045. — **X, 6**; 288, 921, 1085. — **X, 7**; 192, 283, 288, 779, 981. — **X, 8**; 188, 198, 252 *bis*, 288, 653, 746, 840, 855, 981, 997, 1085. — **X, 9**; 77, 120, 265, 354, 509, 565, 614, 981, 1015, 1045 e *A.* — **X, 10**; 149, 172, 191, 194, 288, 475, 493, 512, 542, 568, 571, 584, 611, 637, 657, 714, 753, 764, 784, 793, 807, 834, 852, 857, 894, 948, 954, 967, 971, 979, 997, 1066, 1076, 1085, 1089, 1097, 1099, 1116, 1125. Cfr. inoltre Manni.

Novelle singole tradotte e trasformate, 147, 149, 163, 172, 211, 240, 241, 371, 430, 451, 568, 611, 948, 967, 971, 981, 1045, 1049, 1114.

Novelle antiche e Decameron, 387.

Novelle di Accademici incogniti e B., 238.

Novelle del B. e Teatro, 196, 198, 352 *bis*, 374, 388, 426, 499 *bis*, 523, 551, 565, 592, 600, 603, 605, 624, 637, 649, 702, 704, 737, 738, 739, 742, 754, 779, 796, 816, 836, 860, 870, 940. (V. anche *Teatro*).

Novellino (il) e il Decameron, 744, 934.

Novellistica europea e B., 279, 305, 738, 805.

Olanda, fortuna del B. in, 594, 613, 657,

Omero, il B. e, 65, 181, 288, 305, 437, 454, 600, 720, 778, 841, 873, 879, 929.

Opera del B., (influenza del B., sulla letteratura, la lingua ecc.), 4, 9, 17, 21, 23, 27, 28, 30, 31, 37, 39, 42, 46, 53, 59, 63, 65, 88, 104, 106, 111, 137, 155 *bis*, 213, 221, 234 *bis*, 302, 329, 375, 393, 417, 425, 438, 517, 554, 600, 672, 693, 804, 844, 851, 856, 860, 861, 887, 891, 893, 924, 932, 946, 960, 980 *bis*, 1070, 1072, 1082, 1089. V. anche *Fortuna*.

Opere del B. in genere, 41 *bis*, 46, 47, 49, 64, 65, 68, 69, 70, 71, 73, 74, 90, 92, 124, 158, 170, 186, 187, 189, 190, 195, 213, 214, 215, 223, 234 *bis*,, 263, 305, 326, 332, 334, 396, 399, 417, 434, 445, 447, 452, 480, 491, 492, 511, 524, 550, 564, 574, 580, 582, 599, 600, 602, 606, 618, 645, 698, 721, 722, 725, 729, 749, 775, 785, 811, 813, 875, 883, 888, 889, 893 924, 928, 951, 961, 962, 980 *bis*, 986, 1006, 1009, 1050, 1061, 1105, 1115 e *A*.

— apocrife, 41, 75, 79, 241, 259, 263, 270, 272, 272 *bis*, 277, 281, 288, 557, 866, 895, 915, 950, 1000, 1005, 1009, 1012, 1036.

— dubbie, 41, 49, 51, 112, 113, 114, 118, 122, 128, 135, 138, 141, 143, 160, 176, 224, 241, 257, 263, 281, 288, 359, 376, 381, 486, 557, 917, 974, 993, 994, 1036.

Opere illustrate, v. *Illustrate*.

Opere latine, 39, 49, 65, 73, 92, 125 *bis*, 127, 155 *bis*, 174, 200, 226, 241, 252 *bis*, 260, 261, 262, 263, 288, 305, 338, 339 *bis* 363 *bis*, 397, 401, 427, 434, 447, 474, 512, 513, 514, 517, 518, 520, 531, 532, 537, 543, 544, 564, 572, 590, 591, 608, 610, 625, 636, 658, 663, 678, 685, 692, 700, 712, 716, 726, 736, 740, 749, 775, 778, 780, 793, 797, 803, 808, 822, 823, 841, 852, 875, 883, 890, 893, 910, 915, 933, 986, 1002, 1057, 1073, 1079, 1115, 1124.

Opere volgari minori, 27, 28, 39, 48, 49, 92, 97, 127, 139, 140, 141, 144, 155 *bis*, 171, 184, 185, 200, 203, 206, 213, 216, 218, 241, 243, 250, 252 *bis*, 262 *bis*, 263, 287, 288, 293, 295, 300, 301, 302, 305, 306, 313, 320, 328, 339 *bis*, 344, 345, 358, 359, 362, 377, 378, 380, 382 *bis*, 384, 391, 392, 395, 397, 406, 409, 410, 412, 416, 418, 423, 434, 441, 444, 447, 450, 467, 468, 470, 473, 474, 478, 484, 485, 500,

Religiosità (sentimenti religiosi in genere del B.), 39, 60, 77, 85, 121, 146, 263, 288, 305, 400, 512, 553, 562, 567, 600, 658, 712, 741, 778, 875, 918, 968, 973, 1006, 1057, 1085, 1095, 1112.

Riccardo di Bury, il B. e, 288.

Ricciardo Manardi, novella di, (*Decameron*, V, 4) 55.

Ricciardo Minutolo, novella di, (*Decameron*, III, 6), 921, 1086.

Riche Barnabe e B., 534, 776.

Ridolfi Luca Antonio e B., 288.

Riduzioni e rifacimenti di opere del B., 27, 48, 280, 413, 451, 510, 544, 615, 653, 981.

Rime del B., 49, 98, 305, 343, 349, 355, 397, 434, 481, 512, 535, 577, 658, 700, 747, 748, 771, 775, 795, 799, 820, 883, 893, 895, 915, 955, 957, 1036, 1040, 1057, 1080, 1083, 1098, 1109.

Rinaldo d'Asti, novella di, (*Decameron*, II, 2), 77, 132, 271, 288, 419, 553, 560, 777, 787, 802, 815, 1045, 1086.

Rinascimento, il B. e il, 235, 385 *bis*, 459, 474, 513, 517, 563, 564, 592, 600, 635, 688, 693, 738, 751, 842, 973, 1001, 1004, 1006, 1019, 1085, 1115. V. anche *Erudizione, Studi, Umanesimo.*

Ritratti del B., 102, 257, 294.

Roberti Dionigi e B., 288, 895, 915.

Roberto d'Anjou, 288, 305, 915.

Rocaberti Hugo Bernhard e B., 552.

Rodriguez Juan e B., 797.

Roig Jaume e B., 793.

Rojas (de) don Francisco e B., 1078.

Romagna, il B. in, 288, 572.

Romanzi del B., 73, 123, 157, 234 *bis*, 397, 542, 700, 775, 843 e *A*. (V. anche *Filocolo, Fiammetta* ecc.).

Romanzo, il B. e il, 206, 234 *bis*, 505, 826.

Romanzo greco, il B. e il, 387.

Rossi (de) Pino, 41, 288, 305.

— lettera del B. a, 41, 91 *bis*, 141, 707, 893, 1003, 1109.

Rossiglione, novella di Guglielmo, (*Decameron* IV, 9), 357, 940, 1067.

Rubriche della Commedia, 135, 167.

Rueda (de) Lope, v. *De Rueda.*

# INDICE